나만의 특별한 이야기

민사무엘

출판사 옛길

인사드립니다

안녕하세요? 민사무엘입니다.

제가 살아오면서 가장 많이 받은 질문은 "네가 만약에 장애를 안 가지고 태어났다면 넌 어떤 삶을 살고 있을 것 같아?"라는 질문을 입니다.

저는 이 질문을 받을 때마다 "글쎄요, 저도 잘 모르겠어요. ㅋㅋㅋ"라고 답변을 합니다.

제가 이제까지 살아가고 있는 모습은 휠체어를 타고 있는 저의 모습이기 때문에 휠체어 탄 나의 미래는 수도 없이 고민을 많이 했지만 걷는 민사무엘의 미래는 단 한번도 생각해 본 적 없었어요.

그 모습은 '민사무엘'의 모습이 아니니까요.

저는 사람마다 자신을 표현할 수 있는 색깔이 있는 것 같다고 생각해요.

저의 색깔은 바로 '장애를 가진 지금의 내 모습'입니다.

저는 제가 생각해도 남들처럼 평범한 삶을 살아보지 못했어요.

다른 사람들은 두 발로 걷지만 저는 휠체어를 타고, 사람들은 두 손으로 게임을 하지만 저는 불편한 오른손 대신 그나마 조금 나은(?) 왼손만 가지고 게임을 하고…

이렇게 저는 늘 어떤 것을 해도 남들과는 조금 다르게 나만의 방식으로 살아왔던 것 같습니다.

그래서 만약에 누가 "너도 내일부터 남들처럼 걸을 수 있어"라고 얘기를 하면 저는 멘붕이 올 것 같아요. ㅋㅋ

 저는 지금도, 앞으로도 계속 남들과는 다른 나만의 특별한 방식으로 삶을 살아가고자 합니다

 물론 조금 다르기에 상처도 많이 받고 울기도 많이 울었지만 그 모습이 바로 나 민사무엘이니까요. ㅎㅎ

 그래서 다른 사람들은 조금은 망설일 수 있는 책 출간을 고등학교 2학년 열아홉살, 민사무엘이 한번 해보려고 합니다.

 꼭 저와 함께 해 주시면 감사하겠습니다.

– 2019년 여름

목차

들어가는 글 … 6

1부. 삶의 무게

행복 100 … 10
내가 그렇게 다르게 생겼나? … 14
새로운 도전! … 18
나는 내가 지킨다. 드루와 드루와~!! … 21
엄마가 나한테 해준 게 뭐가 있어? … 23
아… 나도 내가 이럴 줄 몰랐네 … 28
두려움에서 즐거움으로 … 31
데자뷰 … 34
우린 친구잖아 … 38

2부. 버킷리스트

고민 말고 Go 그냥 go … 44
대회를 통해 얻은것 … 49
Music is my life … 56
나만의 특별한 이야기를 쓰기 … 58

3부. 나의 이야기

엄마가 들려주는 나의 이야기 … 62
아빠가 들려주는 나의 이야기 … 69

4부. 먹고, 기도하고, 싸우고, 사랑하라

중국에 가다 … 80
일본에 가다 … 83
미국 샌프란시스코에 가다 … 87
미국 시애틀에 가다 … 91
대만에 가다 … 95

5부. my opinion

대화가 필요해 … 104
만족감 … 106
꿈이 없어요 … 108
롤 모델 … 111
나만의 방식 … 113
인생 마라톤 … 116
나의 장점 찾기 … 119

책을 끝내면서 … 122

들어가는 글

봉쥬르~ 헬로우~ 싸와디캅~
이렇게 나를 만나러 와주신 여러분 안녕하세요!
민사무엘입니다!!
내가 이 책을 쓰게 된 이유는, 나의 글을 읽고 사춘기 친구들이, 또 부모님들이 이 시기를 함께 공감하고 이해를 했으면 하는 바람 때문입니다.

나는 아직 10대의 마지막 19살입니다. 19년밖에 안 산 내가 무슨 인생을 논하겠냐고 하시겠지만 나름 파란만장한 경험들을 많이 했다고 자부하고, 그 경험들을 바탕으로 나의 일대기(?)와 함께 내가 생각하는 인생의 길들을 나누어 보려고 합니다.

내가 추구하고 있는 인생의 길은 목적지를 정해놓고 숨도 안 쉬고 고속열차나 비행기를 타고 달려가는 것이 아닙니다. 천천히 걸어가면서 길가의 꽃향기에 취해보기도 하고, 냇가를 건너며 물장난도 쳐보기도 하고, 이 동네 저 동네 사람들과 만나 맛있는 것도 먹고 마시면서 즐기면서 가는 길이어야 한다고 생각해요. 그렇게 경험하게 되는 한순간 한순간이 행복이고 이미 꿈을 이루는 순간들이라고 말할 수 있지 않을까요?

그래서 너무 앞만 보고 빠르게만 달려가는 친구들에게 잠시 쉬었다가자고 말하고 싶어요. 천천히 가도 괜찮다고. Don't worry, be happy!!

모든 사람의 얼굴이 제각각 다르게 생겼음에도 추구하는 삶은, 성공의 길은 교본처럼 너무 똑같다는 생각을 자주 하게 됐어요.

좋은 대학을 나오고, 그러기 위해 자신을 혹사시키면서까지 높은 점수를 위해 애쓰는 모습들을 보면서 참 안타까웠어요. 모두가 공부에 재능이 있는 건 아닌데 말이에요.(특히 나, ㅎ)

어느 직업이든 회사나 단체에서 사람들을 선발하는 기준들이 이런 교본들을 만들게 하는 것 같아요. 하는 일의 전문성보다도 좋은 스펙들만 요구하니까요. 그래서 학교나 사회생활 속에서도 이러한 요구들에 맞추어 살다보니 내가 잘할 수 있고, 하면서 행복할 수 있는 것들을 꿈꾸지 못한 채 자신만의 색깔들을 잃어버리고 늘 같은 교본, 같은색, 같은 모습의 성공만을 꿈꾸게 되는 것 같습니다.

그래서 나는 좀 다른 이야기를 해보려고 해요.

나는 아직 어떤 직업을 가진 성공한 사람이 아닌 평범한 고등학생, 싸가지 없는(?) 청소년이지만 그래서 더 공감되는 부분들도 있을 테니까요.

그럼 이제 내 이야기를 시작해 볼까요? 뚜둥~!! 렛츠 고우!!! 무브 무브~~!!

1부
삶의 무게

행복 100

초등학교를 들어가기 전까지 나의 삶은 늘 행복했던 것 같아요. 매일 매일이.
밤에 잠들 때 내일이 또 올 거라는 사실이 너무 행복했어요. 주변에도 온통 나를 사랑해주는 사람들밖에 없었죠. 내가 있는 공간에는 언제나 웃음소리가 가득했었어요.

내가 16개월 때 우리 가족은 제주도로 이사를 갔어요. 아빠가 제주 열방대학에 있는 상담학교 사역을 하게 되었기 때문이죠.
제주는 참 좋았어요. 주말이면 가족들과 산과 바다와 들. 맘만 먹으면 어디든 갈 수 있었거든요. 생일에 해변에 가서 폭죽을 터트리며 놀았고, 봄엔 유채꽃 가득한 들판에 가서 누나들과 사진도 찍었지요. 그때의 사진들을 보면 지금도 웃음이 나요.
여름엔 나를 유모차에 태워 물가로 데려가 보말도 따고, 모래 느낌이 싫어서 잔뜩 찌푸린 나에게 모래찜질도 시키며 좋아했고, 바다수영도 신나게 하고, 겨울엔 한라산 기슭 어느 목장이든 상관없이 눈썰매를 들고 가서 해가 지도록 타고 놀았습니다. 얼굴이 추위로 꽁꽁 얼때 쯤 먹는 어묵이랑 컵라면은 정말 맛있었어요.
서울에 사는 손님들도 자주 우리 집에 놀러 와서 며칠씩 계시다가 가셨어요. 손님이 오시면 우린 또 신나서 여기저기 다니면서 맛있는

것도 먹고 재미있게 놀았고, 사계절이 모두 좋았습니다.

매주 열방대학에서 드리는 목요찬양예배. 이 시간도 내가 제일 좋아하는 시간이었어요. 상담학교 간사 리트릿에도 항상 온 가족이 함께 갔습니다.

해변이나 산속에서 하는 바비큐 파티, 배꼽 빠지게 웃긴 장기자랑 그리고 애찬식.

학교에서 애찬식을 할 땐 누나들과 나는 함께 무대에 나가서 찬양을 부르기도 했습니다.(누나들과는 지금까지 이불 킥 하고 있습니다. ㅋㅋ) 어디에 가던 늘 환영해주고 사랑한다고 말해주는 사람들밖에 없었어요. 그래서인지 그때 했던 재활치료들은 전혀 힘들지 않았습니다. 일 년에 두 달씩 어린이재활병원에 입원을 해서 집중치료를 했었답니다. 누나들이랑 아빠랑 헤어져 있는 건 어려웠지만 나는 그 입원시간들을 아주 좋아했습니다. 전국에서 온 새로운 친구들이랑 이모들을 (친구들 엄마를 우린 그렇게 불렀어요) 만날 수 있었으니까.

너무 재미있는 이야기들이 많아서 요즘도 그 친구들과 만나면 하루 종일 그때 이야기들을 해요. 나에겐 또 다른 가족들입니다. 두 달을 함께 먹고 자고 놀고 그러다 보니…

모두 다 걷지 못해도 하나도 불편한 게 없었어요. 재미있게 노는 방법들이 있었으니까요. 또래 남자애들과는 놀이방에서 뒹굴면서 싸움 놀이를 했어요. 난 한 손만 사용하니까 대체적으로 많이 맞았지만 그래도 내 왼팔이 두 배로 힘이 세서 그렇게 호락호락하게 당하진 않았습니다.(훗)

눈이 오면 눈밭에 온몸으로 기어 다니면서 놀았어요. 엄마들은 우리를 강아지들 같다고 막 웃어댔지만 병원 안이라 그 누구도 이상한 눈으로 바라보지 않았어요. 눈 치우고 들어가는 치료사 선생님들도 재미있게 논다며 웃어주시고 "감기 들어, 그만 들어가" 그 말만 하셨죠.

저녁식사 후의 시간을 우린 제일 좋아했습니다.
치료가 모두 끝난 병원 로비는 우리의 운동장이 되었답니다. 모두 안전장치가 되어있고, 페달엔 보조기가 달려있는 자전거들을 타고 신나게 바람을 가르며 달리면서 놀았어요. 그 당시 인기리에 방영되고 있던 '선덕여왕'을 따라했어요. 역할을 나눠서 참 재미있게도 놀았습니다.
드리마 '골든타임'도 방영할 때였는데 병실에 모여앉아서 수술용 장갑을 구해서 하나씩 끼고 하얀 토끼인형 배에 빨간 크레파스로 피 흘리는 것처럼 그려놓고 심장수술을 하는 놀이도 했답니다.
그땐 모든 게 가능했었고 열려있는 것 같았어요. 그렇기에 내가 못 걷는다고 해서 한 번도 슬퍼해 본적이 없었어요. 그냥 매일 매일이 행복했답니다.

내가 그렇게 다르게 생겼나?

토요일이면 누나들 학교 교문 앞에 주차를 하고 누나들 끝나기를 기다렸어요. 어느 순간 누나들이 뛰어나와 차에 있는 나를 번쩍 안고 교실로 뛰어갔답니다. 그리고 친구들한테 내가 새롭게 하는 행동들을 보여주며 자랑을 했습니다. "내 동생 이런 것도 한다" 그러면서. ㅋㅋ
그러면 교실에 있던 누나 친구들은 박수를 막 치면서 좋아했고, 나와 언제 만나든 엄청 귀여워해주었어요. 나는 누나들 덕분에 학교가 너무 좋은 곳이라고 생각하게 되었습니다.
드디어 8살이 되었고 초등학교에 입학을 하게 되었죠. 내가 입학한 학교는 특수학교가 아닌 일반학교였어요.
초등학교. 나의 첫 사회생활. 새로운 친구들을 만나고 내가 학생이 되는 그 순간을 나는 오랫동안 기다려왔었죠. 굉장히 설레고 흥분이 되는 날이었습니다.

입학식 날.
정말 많은 친구들이 부모님들의 손을 잡고 운동장에 가득 나와 있었어요. 나는 당시 학교의 유일한 장애학생이었습니다. 그래서 그런지 거기에 있던 친구들과 사람들의 시선을 한 몸에 받았습니다. 나는 그때만 해도 사람들이 나를 봐주고 관심을 보이는 게 그저 좋았고 신났었어요. 입학식이 끝나고 반에 들어가 담임선생님과 인사를 나누고

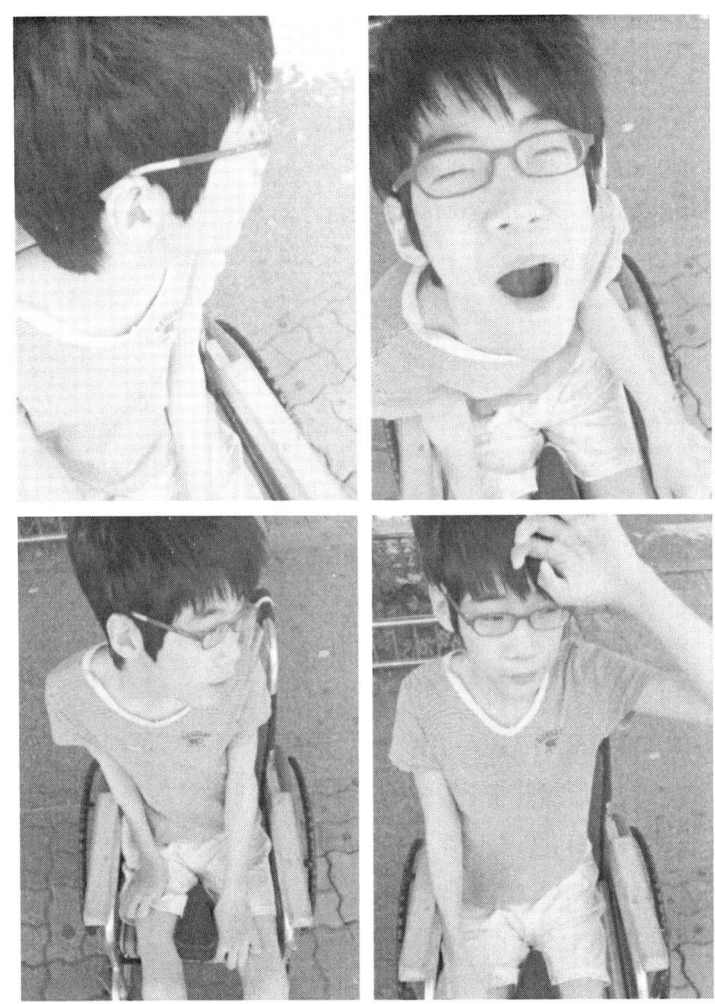

나는 다른 친구들보다 먼저 자리를 배정받게 되었습니다. 그리고 친구들이 제비뽑아서 하나둘씩 자리에 앉았어요.

나는 어떤 친구랑 짝이 될까 기대하며 누가 올지 기다렸어요. 드디어 단발머리의 여학생이 내 옆자리에 앉았습니다.

"안녕. 내 이름은 민사무엘이야. 만나서 너무 반가워~^^ "

나는 너무 좋아서 웃음 가득한 얼굴로 먼저 인사를 했어요. 그랬더니 그 친구가 갑자기 나를 째려보며 작은 목소리로 말했습니다.

"꺼져!!! 너 나 쳐다보지도 마. 내가 오늘 집에 가서 우리 오빠한테 너 죽여달라고 할 거야!!"

나는 처음에 그 친구가 장난으로 그러는 줄 알고 좀 놀라기는 했지만 웃었어요. 그러자 또다시 "아, 짜증나!! 왜 내가 장애인이랑 같이 지내야해?? 넌 이제 죽은 목숨이야!!"

나는 너무 놀랐어요. 충격이었습니다. 그렇게 첫날을 보내고 집에와서 엄마 아빠한테 말도 못하고 혼자서 생각해 보았지만 도저히 이해가 되지 않았습니다. 태어나서 그런 소리를 처음 들어봤거든요.

화장실에 가서 거울을 보았습니다. 내가 그렇게 다르게 생겼나? 아무리 봐도 다른 사람과 똑같이 생겼는데. 왜 내 짝꿍은 내가 아는 내가 아닌 다른 사람으로 나를 볼까?

어린이집에 다닐 때도 나 혼자 휠체어 타는 아이였지만 친구들이랑 엄청 친하게 지냈고, 내 생일 때 친구들 초대해서 같이 집에서 놀기도 하고, 친구들한테 인기짱이었는데, 왜 그 친구는 날 싫어하는지 이해를 할 수 없었습니다.

그래서 나는 그 친구의 마음을 돌려보려고 학교에서 노력을 많이 했습니다. 그럴수록 내 짝은 더더욱 독해져서 같은 반 다른 친구들에게도 내가 보는 앞에서 나에 대해 나쁘게 얘기하고, 장애인이라고 이상한 동물 같다고 매일매일 놀렸습니다.

그래서 다른 친구들도 나를 "쓰레기다" "괴물이다" 말했습니다. 또 남자친구들은 "너네 엄마 아빠도 니가 장애인이라 죽길 원할 거야" 말하며 괴롭히고 때리고 그랬죠.

나는 더 이상 견디지 못하고 엄마 아빠한테 말해서 짝을 바꿨지만 그 아이도 내 짝이 되자마자 한참을 엎드려 울더니 내가 장애인이라 싫다며 짝을 바꾼 지 1주일 만에 짝을 바꿔 달라고 선생님께 요청을 했습니다.

나는 반복되는 이런 상황이 너무 싫고 힘들어서 엄마 아빠한테 그냥 혼자 짝 없이 앉는 게 좋겠다고 말했어요. 이때부터 조금씩 시소가 다른 쪽으로 기울 듯이 삶의 무게를 느끼기 시작했던 것 같습니다.

새로운 도전!

초등학교 1학년은 이렇게 인생의 쓴맛을 알려주었습니다. 2학년이 되자마자 우리 가족은 제주도를 떠나게 됩니다. 캐나다 이민 비자를 준비하기 위해 가족 모두 분당으로 올라왔어요. 물론 아빠의 사역지를 옮기는 상황이었지만 나도 초등학교에서 도피하고 싶었기 때문에 뒤도 안 돌아보고 제주를 떠났던 것 같습니다. 복지가 잘 되어있는 캐나다에 가면 상황이 많이 달라질 거라는 기대를 했습니다. 장애인에 대한 편견도, 시선도 여기보다는 나을 거라고 생각을 했지요.

하지만 비자 준비를 하면서 알게 되었습니다. 그곳도 그리 장애인에 대한 편견이 없는 곳은 아니라는 사실을. 처음엔 두 달이면 떠날 수 있을 거라 생각했었는데 이런저런 트집으로 계속 서류를 첨부하라는 메시지만 거듭 받았습니다. 결국 1년 동안이나 기다려야 했지요.

그때 우리는 무조건 캐나다에 가게 될 것이라는 믿음이 있었기 때문에 모든 살림을 다 제주도에서 나눠주고 왔던 상황이었습니다. 지금 생각하면 조금은 서두른 판단이 아니었나 싶습니다. ㅎㅎ

분당에서는 아빠가 아는 어떤 분이 오피스텔을 구해주셔서 지내고 있었는데, 거실과 방 하나가 있는 구조였습니다. 비록 제주도에서의 생활에 비해 많이 열악한 환경이었지만 우리 가족은 새로운 시작을 준비한다는 것만으로도 너무 행복하게 지냈습니다.

비자 준비 말고도 매일 아침에 일어나 가족이 모여서 예배도 드리고, 재활치료도 온 가족이 함께 다니고, 홈스쿨링도 하고, 서울 시내에 있는 궁도 다 구경 다니고, 하루 종일 서점에서 시간을 보내기도 하고, 아주 바쁘게 또 알차게 하루하루를 보냈습니다.

그러나 1년간 계속되는 기다림 때문에 가족들의 마음이 지칠 대로 지쳐갈 때쯤. 새해가 밝아오고 1월 말경에 드디어 비자 결과가 온다는 소식을 받았습니다. 제발 좋은 소식이기를 바라는 마음으로 열심히 기도를 하고 있던 그때 초인종이 울렸고 드디어 1년을 기다리던 서류봉투를 받았습니다. 떨리는 마음으로 봉투를 열었는데 죄다 영어로만 적혀있더라고요.(이런!!! 된장!! 고추장!!)
 그래서 아빠 노트북에 번역 프로그램을 다운받아 서류에 있는 내용들을 타자를 쳐서 번역했습니다. 결과는 거절이었습니다.
 우리 가족은 혼돈에 빠졌어요. 정확히 3단계로 말이죠.

1단계 : 부정
"아빠!!! 아빠가 글자 잘못 친 거 아냐??"
"아닐 거야… 믿을 수 없어!!!" 등을 거친 뒤

2단계 : 멍 때리기
한동안 우리 가족은 멍하니, 한참을 노트북 화면을 보다가 나부터 시작하여 하나둘씩

3단계 : 오열을 합니다.
슬픔, 화, 허탈함 등 말로 표현하기 힘든 시간이었습니다. 왜냐하면

캐나다는 내가 살아가기에 우리나라보다 훨씬 좋은 환경이라 생각해서 정말 너무 가고 싶었었거든요. 거기서 학교도 다시 새롭게 다니고 영어도 배우고 나중에 어른이 되어 취직도 하고.

 캐나다에 가서 나의 많은 꿈을 펼치고, 좋은 환경에서 살겠다는 소망을 품고 열심히 기도를 했는데 결국 거절되고 내가 상상하던 소망들이 한순간에 와르르 무너지는 것을 경험하게 되었지요. 정말 슬펐습니다.

 물론 어린이집을 정할 때도, 초등학교를 입학할 때도 여러 가지 이유를 대며 거절하는 사회를 경험했었지만 비자 거절은 정말 큰 실망을 안겨주었습니다. 가슴에 구멍이 난 듯 했습니다

나는 내가 지킨다. 드루와 드루와~!!

캐나다 비자 거절로 살림 하나 없이 분당에 남겨져 살아남아야 했던 우리 가족의 운명은 어떻게 되었을까요?

정말 막막했죠. 꼬박 일주일을 가족이 함께 기도하고, 기도하고 또 기도했습니다. 일주일이 되던 마지막 날 하나님께서 어떤 권사님의 전화를 통해 사인을 주셨고, 그분의 섬김으로 아파트를 세를 얻어 살게 되었어요. 나는 또 초등학교 2학년을 다시 다녀야 했죠.

새로운 환경. 그 학교에서 만나게 될 학교 친구들….

제주도에서의 나의 모든 상처들은 싹 다 잊고 새롭게 학교생활을 하고 싶어서 두려움보다는 설레는 마음으로 학교생활을 시작했습니다. 그러나 여기서도 여전히 괴롭히고 무시하는 친구들이 있었습니다.

신종 플루가 한창 유행하던 어느 날 몇몇 친구들이 나한테 오더니 장애인은 몸이 더럽다며 소독제를 내 얼굴과 몸에 뿌렸습니다. 너무 수치스럽고 화가 났어요. 왜 사람을 겉모습만 보고 먼저 판단하고, 무시하고, 욕하고, 함부로 얘기를 하는지 이해가 가지 않았죠. 그래서 나는 더 이상 참고 당하고만 있지 않기로 했어요. 용기를 내어 그 친구들에게 말했습니다.

"그래, 맞아. 난 너희의 모습과 조금 달라. 너희는 다리로 걸을 수 있지만 난 휠체어를 타!

하지만 그 이외에는 너희랑 똑같아!!!! 나도 화날 때 화내고, 슬플때 울고, 기쁠 때 웃고 그래. 나도 감정이 있다고!! 그래서 지금 너희가 나에게 한 행동과 말 때문에 너무 화나고, 상처 받아. 그러니까 나 좀 그만 괴롭혀!!"

그러자 친구들은 아무 말 없이 자기 자리로 갔고, 그 일이 있은 후로는 더 이상 나를 괴롭히지 않았습니다. 오히려 그들이 친한 친구가 되는 큰 변화가 있었답니다.

지금 생각해보면 그렇게 큰 변화가 온 것은 용기 덕분이었습니다. 용기는 마치 지킬 앤 하이드처럼 사람의 모습을 확 바꿀 수 있는 대단한 힘을 가진 것 같습니다.

만약 전쟁에 나간 군인이 죽음을 두려워하며 안전한 장소에 숨어있기만 한다면 목숨은 건질 수 있을지 몰라도 전쟁에 결코 승리를 할 수는 없을 것입니다. 용기를 가지고 숨어있던 곳에서 총알이 빗발치는 전쟁터로 나와 적들과 맞서야 승리를 취할 수 있는 거죠. 물론 많이 다치고, 심지어 죽을 수도 있겠지만요.

나도 예전에는 친구들이 쏜 화살에 맞서 보지도 못하고 그냥 맞고 아파하기만 했었다면, 용기를 가진 후에는 "나한테 막말 하지 마!! 이 @@야!!"(@는 여러분의 상상에 맡깁니다) 이렇게 당당히 그들 앞에 맞설 수 있게 되었습니다.

여러분들도 지금의 안 좋은 상황을 벗어나려고 계속 끊임없이 용기를 내어 맞선다면 용기는 여러분에게 분명 승리를 가져다 줄 것입니다.

엄마가 나한테 해준 게 뭐가 있어?

14살. 그때 나는 인생의 가장 큰 사건을 치르고 있었죠.
나는 7개월 만에 미숙아로 태어났고 태어나자마자 뇌성마비 진단을 받은 후 아주 어렸을 때부터 재활치료를 받았어요. 처음에는 혼자 앉지도 못했는데 초등학교에 들어가서는 워커를 잡고 서는 것까지 가능해졌지요.

하지만 다음 단계로 워커를 잡고 서서 한 발씩 내딛는 운동치료를 해야 하는데 강직으로 인해 무릎이 더 이상 펴지지 않고 꾸부정하게 굽혀있는 상태여서 재활치료에 진전이 없었어요. 그래서 무릎이 잘 펴지도록 종아리 근육, 허벅지 안쪽 근육 등 12군데에 칼집을 수도 없이 내서 강직을 풀어주는 수술을 해야만 했어요.

너무 무서웠지만 이 수술만 하면 걸을 수 있다는 희망에 기도하면서 결정을 내리고 내가 먼저 엄마 아빠한테 수술을 하겠다고 선언을 했어요.

드디어 대학병원에서 정형외과 수술을 받았는데 수술을 마치고 나왔을 때 '세상에 이렇게 아픈 통증도 있구나'를 경험했습니다. 하지만 그건 그 후의 통증에 비하면 아무것도 아니었죠. 정형외과 수술을 해본 분들은 아시겠지만 깁스를 풀은 뒤의 그 느낌. 으~~ 깁스를 푼 것만도 죽을 것 같은데 치료실에 갔더니 그 다리로 자전거를 태웠습

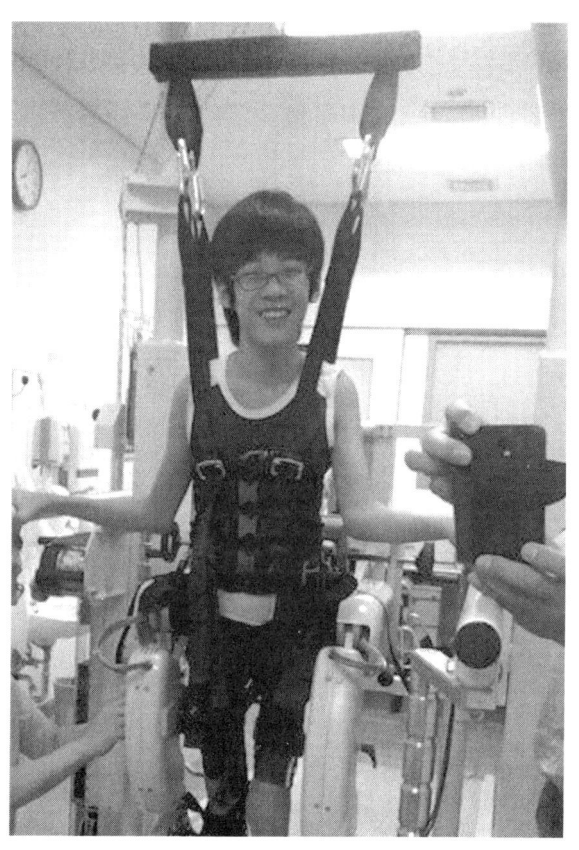

니다. 치료실 지붕이 날아갈 듯이 울어 재꼈어요.

치료실을 나와 병실에 가자마자 엄마한테 짐 싸서 가자고 졸랐어요. 아마 그때 처음으로 엄마한테 큰소리를 쳤던 것 같아요. 조금만 참으라는 엄마한테.

"엄마는 안 아프니까 몰라!!! 늘 내 옆에 있다고 나를 다 안다고 생각하지 마!!!"
 나는 어떻게 해서든 거길 빨리 벗어나야겠다는 생각밖에 없었거든요. 밤새 다리가 조금만 흐트러져도 통증이 느껴져서 잠도 제대로 못 자고, 낮이 되면 어마무시 아픈 치료가 기다리는 정말 힘든 시간의 연속이었습니다.

 도망치고 싶었지만 직면할 수밖에 없었던 하루하루의 시간들이 흘러 어느덧 일 년이 지나고 있었고, 치료에 열중하는 사이 백옥처럼 나의 말랑말랑했던 아기피부엔 여드름이 나기 시작했죠. 이런 안과 밖의 파란만장한 변화와 함께 동쪽 하늘에 아침 해가 떠오르듯이 너무도 자연스럽게 나에게 찾아온 것이 있었는데, 그것은 바로 사, 춘, 기!!!
 이놈의 사춘기가 찾아오면서 나의 마음속에는 나 자신도 제어가 안 될 만큼 큰 태풍이 휘몰아쳤습니다.
 중고학생 자녀를 두신 부모님들께서 한 번씩은 하시는 말씀이 있습니다.
 "우리 집에 외계인이 한명 있어."
 "대답도 안하고 핸드폰만 하루 종일 들여다 봐."
 나도 물론 사춘기를 겪고 있는 청소년이지만 부모님들께서 왜 이런 말씀을 하시는지, 이런 모습에 얼마나 속이 터지실지, 모두 다는 아니지만 어느 정도는 공감이 돼요.
 내가 사춘기를 겪어보니 사춘기는 이렇게 표현할 수 있을 것 같아요. 어릴 적 블록으로 무엇을 만들려고 할 때, 처음에는 조립이 익숙하지 않아서 부모님의 도움을 받아 이것저것 크기가 작고 만들기 쉬운 비행기나 기차, 총 같은 장난감들을 만들었다면 블록 조립이 익숙

해진 후로는 어떠셨나요? 부모님의 도움으로 만들었던 것들이 어느 순간 너무 작아 보이고 유치해 보이고, 그래서 자연스럽게 점점 더 크게 만들고 싶은 욕심이 생기게 되고, 이전에 작게 조립했던 블록들을 다 부셔서 다시 훨씬 더 큰 크기의 블록들로 만들어보게 되는 거죠.

 사춘기도 마찬가지로 예전에는 작고 귀여웠던 우리 아이가 지금보다 더 큰 사람이 되기 위해 이전의 작았던 나를 부셔버리고 더 큰 나를 만들고 있는 시간이라 생각합니다.

 이 시간들은 사춘기를 보내고 있는 친구들 자신을 정말 힘들게 합니다. 앞서 비유를 했듯이 초기에는 자신의 마음이 와르르 무너지는 시기여서 모든 것을 부정적인 시선으로 보게 됩니다. 나 또한 이 시기에 분명 지금 너무 화가 많이 나고 짜증이 막 나는데 나 자신도 왜 화가 나고 짜증이 나는지 모르겠더라고요. 그냥 내 안에 가득 차 있는 분노를 엄마에게 "엄마가 나한테 해준 게 뭐가 있어!!"라는 명대사를 날리며(여러분도 사춘기 때 한 번씩은 이 대사를 해보셨죠?) 할 말 못 할 말 구분 없이 막 쏟아 냈어요.(엄마 미안 ㅋㅋ)

 중학교 3년을 이런 감정의 소용돌이 속에서 지내다 보니 반은 전문가가 되었나 봐요. 어느 날은 아빠 친구분이 오셨는데 사춘기 아들 녀석을 도저히 이해를 못하겠다고, 어제도 한바탕했는데 마음이 안 좋다고 그러셨어요. 한참 이야기를 듣던 아빠가 우리 집에도 한 명 있으니까 같이 이야기 해보라며 나를 부르더라고요. 이야기를 나누다 보니 나는 그 아이 마음이 잘 보이고 이해가 바로 돼서 아빠 친구분께 이렇게 말씀드렸습니다.

 "어릴 때는 어떤 감정이 올라오면 아, 이건 슬픔이구나, 이건 기쁨이구나, 하고 금방 알 수 있었는데 지금은 마음속에서 훨씬 더 많은 감정들이 복잡하게 올라와서 그게 뭔지, 무엇 때문인지 잘 모르겠더라고요. 무슨 일에 화가 나서 그런 건지, 답답해서 그런 건지, 원인도 이름도 모를 감정들이 올라와서 엄마가 제일 편하니까 엄마한테 이 감정들을 쏟아내면서 많이 화내고 짜증냈던 것 같아요. 사실은 엄마에게 화났던 게 아닌데 말이에요."

내 말을 듣고 난 아빠 친구분은 아들이 왜 그랬는지 이해가 된다며 고맙다고 그러시더라고요. 좀 뿌듯했습니다.ㅎ

아… 나도 내가 이럴 줄 몰랐네

사춘기가 되면 가장 먼저 이성에 대한 관심이 커집니다. 그래서 많은 아이들이 학교에서 연애도 하고 아이돌 그룹을 좋아하게 되죠. 지금의 부모님들도 사춘기 시절에 연예인들 한 명씩은 좋아했던 기억이 있지 않으신가요??

나의 경험담을 말씀 드리자면, 나에게는 첫째 '민이레' 누님과 둘째 '민들레' 누님이 있습니다. 나이 차이는 각각 6살, 5살 이렇게 나서 내가 초등학생 때 누나들은 이미 한참 사춘기인 중학생이었어요.
  그때 우리 누나들의 아이돌 사랑은 어마무시 했습니다. 지금 생각해보면 작은누나는 큰누나를 위해 좋아하는 척을 했던 것 같습니다. ㅋㅋ 당시 누나들이 좋아했던 아이돌은 SS501.(캬아~~추억 돋는다) 매일 아침 등교하면서 노래를 듣고, 교복을 입을 때도 자기의 이름이 쓰인 명찰 위에 허영생 님의 명찰을 달고 갔어요. 매일 잠자리에 들기 전에 그때 한참 유행했던 아이돌과 가짜로 통화 할 수 있는 서비스(?) 아무튼 그걸 매일 밤에 했어요.
  "우리 영생이 오빠도 잘 자요~~"
  "저 나중에 크면 오빠한테 시집 갈 거예요!"
  혼자 핸드폰을 들고 외치면서 가짜 통화를 하고 있는 모습을 보고 있자면 도저히 이해가 안됐었어요.

'아니. 대체 연예인을 왜 이렇게 좋아하는 거지? 그리고 어차피 그 사람들은 우리가 존재하는 줄도 모르고, 또 연예인을 우리가 만날 수도 없을 텐데 왜 좋아하는 거지?' 라는 생각을 하며 누나를 이상하게 생각했어요.

급기야 "난 나중에 절대로 아이돌 같은 거 안 좋아할 거야!!" 이런 선포를 누나들 앞에서 했던 것 같습니다.

그런데 이런 단단한 나의 마음을 부숴버린 이들이 있었으니 그것은 바로 2016년 '프로듀스101'을 통해 결성이 된 걸그룹 '아이오아이'였습니다. 드디어 내 인생 최초의 덕질을 시작하게 된 거죠.

지금까지도 열심히 팬으로서 아이오아이 멤버들을 응원하고 있습니다.(음…, 물론 아이오아이 모든 멤버가 좋지만 나는 그중에서도 김세정 님과 김소혜 님의 팬입니다!!)

나도 나 자신이 걸그룹의 팬이 될 줄은 정말 몰랐습니다. 내가 유튜브로 아이오아이 영상을 보고 있으면 누나들이 "너, 절대 아이돌 안 좋아한다며 ㅋㅋ" "그러게 그런 선포를 왜 하냐? "라고 하면서 놀립니다.

하…. 내가 왜 그런 말을 했을까요? 만약 과거로 돌아갈 수만 있다면, 과거로 돌아가 초등학생인 나에게 절대로 그런 선포는 하지 말라고 당부의 말을 하고 왔으면 좋겠습니다.

하지만 나 같은 중고등학생들에게 연예인이란 존재는 재미가 하나도 없는 이 칙칙한 삶에서 잠시나마 미스트를 뿌려주는 존재라고 말씀을 드릴 수 있습니다. 또 나처럼 자신이 좋아하는 연예인을 통해서 목표가 생길 수도 있고, 조금 과할지도 모르지만 이성을 사랑하는 방법을 간접적으로 배울 수 있는 시간인 것 같습니다.

 그럼 이렇게 말이 나온 김에 화끈하게 외치고 다음 이야기로 넘어가겠습니다.
 아이오아이!!!!
 포에버!!!!!!!!!!
 영원하라!!!!

두려움에서 즐거움으로

중학교에 들어가면서 친구들이 과연 날 반겨줄지, 아니면 혹시나 또다시 초등학교에 입학했을 때처럼 똑같은 상처를 받지는 않을지 정말 걱정이 많았습니다. 그러나 걱정했던 것과는 달리 중학교에서는 나를 너무나도 반갑게 반겨주었습니다. 교장선생님, 교감선생님부터 시작해서 1학년 부장 선생님, 1학년 담임선생님, 내 학교생활을 도와주실 실무사 선생님까지…. 정말 모든 선생님들께서 반겨주셔서 마음이 한결 가벼워졌습니다.

드디어 반 친구들과의 첫 만남. 엄청 두려움이 몰려왔습니다. 조심스럽게 반에 들어갔는데, 혹시 여러분, 새 학년에 올라가서 반에 처음 딱 들어가면 나만 빼고 반에 있는 친구들이 모두가 서로 친한 것만 같은 느낌이 물씬 올라오지 않나요?(나만 그런가?) 아무튼 그렇게 느끼고 있을 때 담임 선생님께서 들어오셨습니다.

"자, 이번 시간에 해볼 활동은 우리 반 친구들이 무엇을 좋아하는지 알아보는 시간을 가져보도록 할 거예요. 이제 직접 친구에게 찾아가서 그 친구가 좋아하는 것을 물어보고 또 친구가 물어보면 답해주는 활동입니다."

선생님의 말씀이 끝나자마자 친구들은 펜과 종이를 들고 활동을 시작했습니다. 그런데 여기서 나에게 정말 놀라운 일이 일어났습니

다!!! 나에게 친구들이 줄을 서서 "사무엘! 넌 뭘 좋아해?" 라며 친구들이 먼저 나에게 말을 거는 것이었습니다!!
　초등학교 때와는 너무도 다른 분위기에 마음이 안심이 되었어요. 아무도 먼저 와서 말을 걸어주지 않을 거라는 경험에서 나오는 확신이 내 안에 있었던 것 같습니다. 처음엔 '뭐지?' 하는 당황스러움(?)이

있었는데 계속 많은 친구들이 나에게 질문하는 모습들이 신기하기도 하고 너무 즐거웠습니다.

나는 친구들에게 최선을 다해 열심히 질문에 대한 답을 해주었어요. 게임을 물어보면 "주로 '피파온라인'을 한다" 먹는 것을 물어보면 "치킨, 피자, 햄버거 등을 좋아한다" 드라마를 물어보면 최근에는 "'별에서 온 그대'를 보았고 '별그대'를 보며 김수현 형~~아의 팬이 되어 수현이 형아가 나왔던 드라마 '드림하이'를 정주행 중"이라고 답을 했습니다.

서로의 관심 분야를 나누다 보니 자연스럽게 친구들과 공감대가 생겨서 많은 남자친구, 여자친구들을 사귀게 되었답니다!

이런 환경과 관계의 변화로 중학교에 잘 적응할 수 있었습니다.

수술과 재활치료로 초등학교 5~6학년 2년 동안의 공백이 있었기 때문에 새롭게 학교 일정을 소화하는 게 버겁고 힘들었지만 나를 존중해주고 사랑해주는 학교 선생님들과 친구들과 가족들이 있었기에 최선을 다해 성실히 학교생활을 했습니다.

수업 내용을 따라가기 힘들고 이해하기 어려우면 손을 들고 선생님께 질문도 많이 했습니다. 감사하게도 열심히 하는 모습이 좋으셨던지 모든 선생님들께서 나를 엄청 예뻐해주셨습니다.

또 초등학교 때는 가보지 못한 현장학습, 수련회도 가서 친구들과 함께 어울려 놀고, 너무나 즐거웠습니다!

데자뷰

즐거운 중학교 시작을 시기하듯이 얼마 지나지 않아 다시 한 번 마음을 움츠리게 만드는 사건이 일어났습니다. 열심히 학교생활을 하고 있던 어느날 점심시간에 실무사 선생님께서 "사무엘~ 어려움이 있어서 혼자서 급식을 먹는 3학년 선배누나가 있는데, 한번 같이 점심 먹어볼래?" 하고 물어보셨습니다.

나는 마음속으로 '앗싸! 이제 3학년 누나하고도 친하게 지낼 수 있겠구나' 생각을 하며 아주 신나게 대찬성이라고 말씀드렸습니다. 그리고 나와 함께 점심을 같이 하는 도우미친구들이 혹시나 불편할까봐 걱정을 하며 물어보았더니 굉장히 쿨하게 "누나랑 같이 먹어도 괜찮아" 그러는 겁니다.

그래서 다음날부터 3학년 누나랑 모두 한 자리에 앉아 밥을 먹었습니다. 짧은 한 시간이지만 점심시간을 통해 나는 누나와도 친하게 지내게 되었고, 예전부터 누나를 알고 계셨던 모든 선생님들께서 "사무엘, 선생님이 누나에 대한 걱정이 많았는데 너랑 같이 밥 먹고 너랑 잘 지내는 모습을 보니 그동안 했었던 걱정들이 싹 사라졌어!! 정말 고맙다~" 하시면서 칭찬을 많이 해주셨어요. 나는 그럴 때마다 "아닙니다! 오히려 정말 좋은 누나를 만난 것 같아 너무 행복해요." 라고 진심을 다해 얘기를 했습니다.

그러던 어느 날 누나가 도우미 친구 중 한 명에 대해 관심을 보이기 시작했어요. 처음엔 '누나가 엄청 내 친구를 귀여워하네?' 라는 생각을 했는데 시간이 지나면 지날수록 관심과 반응이 지나쳐서 친구도 나도 힘들어지게 되는 거예요.

누나는 밥을 먹고 나를 교실까지만 동행을 해주면 누나의 봉사가 끝나는 것이었는데 어느 날부터 우리 교실에 들어오고, 올 때마다 그 친구에게만 적극적으로 다가가서 전화번호 물어보고 그 친구가 일어나면 어디 가냐고 물어보면서 따라다니고, 그 친구 옆에만 있으려고 하더라고요.

이런 시간이 거듭되니까 어느 날 그 친구가 나한테 와서 "무엘아. 나 누나가 부담스럽게 해서 너무 힘들어. 어떻게 하면 좋지?"라고 말했습니다. 나는 그 말을 들은 순간 너~~~~~무 미안했습니다. 그러지 않아도 마음이 쓰였는데 말이죠.

어떻게 해야 하는 게 좋을지 고민이 되었습니다. 새롭게, 즐겁게 시작한 중학교 생활. 먼저 호감을 보이고 다가와준 친구들. 그 친구들이 나로 인해 불편에 처했다고 생각하니까 견딜 수가 없었습니다. 할 수 없이 상황을 실무사 선생님께 이야기를 했고, 선생님은 우려했던 일이 일어났다고 하시면서 그 친구를 누나랑 마주치지 않게 하는 게 좋겠다고 하셨습니다.

그 친구가 급식시간에 안 오니까 누나는 마음이 불편해졌고 나에 대한 태도도 달라졌어요. 마음이 불편한 걸 모두 나에게 쏟아놓는 거 같았습니다. 나랑 밥 먹기 싫다고 대놓고 얘기하고, 누나에게 말을 걸면 들은 척도 안하고, 복도에서 지나가다 인사를 하면 못 본 척 하고… 그런가 하면 나를 보기만 하면 선생님이 옆에 계시는데도 욕하고.

참 힘들었습니다. 누나의 이런 모습을 보고 또 다시 어릴 적 트라우마가 올라왔습니다. 모처럼 친구들과 잘 지내고 있던 중학교 생활에 큰 위기가 찾아오게 된 거지요.

나는 빨리 누나와의 관계를 회복하고 싶었습니다. 왜냐하면 누나가 그때 우울증과 함께 사춘기를 심하게 겪는 바람에 학교생활에 적응을 잘 못하고 있다는 사실을 알고 있었기에 누나의 마음을 들어주고 풀어주면 다시 예전처럼 사이가 좋아질 수 있을 것 같습니다.

그래서 우리 담임선생님과 누나의 담임선생님께 누나와 진지하게 이야기를 나누는 시간을 가지고 싶다고 부탁을 드렸더니 선생님들께서 자리를 만들어 주셨습니다.

그렇지만 결과는 좋지 않았어요. 여러 방법으로 마음을 나누었지만 누나는 나랑 같이 있는 모습을 다른 3학년 친구들이 볼 때마다 너무 창피했고, 3학년 친구들이 누나를 이상하게 쳐다보는 것 같은 기분이 들어서 나랑 같이 있는 게 싫었다고 했습니다. 봉사도 선생님들께서 억지로 시켜서 어쩔 수 없이 하게 된 거라고 말하더라고요.

누나는 내 생각과 달리 관계를 풀고 싶은 마음이 전혀 없어 보였습니다. 나로 인해 많은 피해를 입었다고만 생각했습니다. 나는 누나하고 좋은 추억도 참 많았는데 말이에요. 같이 밥도 먹고, 하교하다가 횡단보도에서 우연히 만나면 누나와 함께 건너면서 이런저런 이야기도 하고, 자신이 가지고 있던 고민도 나누며 서로 조언과 위로도 해주고, 정말 거의 친누나처럼 누나가 너무 좋고 편했는데 말이죠.

너무 슬펐지만 누나한테 "누나가 나랑 지내는 것이 이렇게 힘들고 어려우면 봉사 그만할래?"라고 물어보았고, 누나는 기다렸다는 듯이 그렇게 하겠다고 해서 누나와 함께하는 시간은 끝내기로 했습니다.

일은 이렇게 정리되었지만 내 마음엔 하나의 큰 구멍이 난 거 같았어요. 나의 어떠함과 상관없이 내가 장애인이라는 이유로 앞으로도 그 누구에게 사랑받을 수 없을 거라는 사실이 내 마음에 커다란 진리처럼 새겨졌습니다. 가족 말고, 같은 장애인들 말고 그 이외의 사람들은 결코 나를 나 자신으로 받아주지 않을 것 같았습니다. 계속되는 거절의 경험이 나를 그렇게 이끌어 갔던 것 같습니다. 나는 충분히 서로 다가가고, 사랑할 수 있고, 행복한 시간을 보내는 것이 아무 문제가 없을 거라고 생각했는데 결국 돌아오는 것은 거절뿐이었습니다.

중학교 1~2학년을 이런 절망감 속에 보냈는데, 겨울이 지나고 봄의 따뜻한 기운이 싹을 틔우듯이 나의 잘못된 확신들을 바꾸어주는 진정한 친구들을 만나게 됩니다.

우린 친구잖아!

 나는 1학년 때 그 일이 있은 후 사람들과 관계를 갖는 게 무서워서 일부러 딱딱하게 사람을 대하게 되었습니다. 더 이상 상처를 받고 싶지 않았기 때문이죠.
 예를 들어 누군가 나한테 "사무엘! 혹시 아이오아이 팬이야?"라고 물어보는 상황이라고 한다면 다음과 같이 대답하고 싶었습니다.
 "WOW!! 아이오아이는 내가 사랑하는 걸그룹이죠! 그중에서도 세정이 누나와 소혜 누나를 좋아하는데, 그 이유는 세정이 누나는 성격이 털털하고 노래도 너무 잘하고 최근에는 '학교2017'의 주인공인 '라은호'역을 연기했는데 너무 잘해서 정말 못하는 게 없는 완벽한 분이라고 생각을 해요. 소혜 누나는 '프로듀스101' 자체가 가수 연습생 오디션 프로그램이었는데 참가자들 중에 유일한 연기자 지망생으로 참가했지만 진짜로 열심히 연습하고 노력해서 세정이 누나와 함께 아이오아이로 데뷔를 했고, 연기 활동도 활발하게 하고 있습니다"
 하지만 1학년 이후로는 그냥 "응." 하거나 이것도 아니면 고개만 끄덕끄덕할 정도로 사람들과의 대화와 관계를 깊게 하려고 하지 않았어요. 물론 머리로는 이러한 생각은 잘못된 것이며 진리가 아니라는 것을 알고는 있었지만 내 마음은 두려워 벌벌 떨고 있었습니다.
 '내가 어떤 식으로 이야기를 하던 이 친구는 나를 싫어하겠지?'
 '나 저 친구랑 친해지고 싶은데 괜히 저 친구한테 내가 친해지고 싶

은 마음을 표현을 해봤자 내가 장애인이라서 싫어하겠지?'
'설령 처음에는 내 마음을 받아준다 해도 나중에는 결국엔 다른 사람들과 똑같이 장애인이라는 이유로 상대방으로부터 버림을 받을 것이 안 봐도 뻔해'
이런 생각들이 나를 지배하고 있었습니다. 문제가 많은 사춘기 소년이었죠.

그런 나에게 내 마음을 두드리고 열게 만든 친구들이 생겼습니다.
중학교 3학년 때였어요. 학기 초 어느 날 담임선생님과의 면담시간이 있었는데 선생님께서 말씀하시기를 반 여자 친구 몇 명이 먼저 선생님을 찾아와서 내 도우미를 하고 싶어한다며 그 아이들로 도우미를 정해도 괜찮겠냐고 물어보셨습니다. 나는 놀라서 되물었습니다.
"정말 그 친구들이 도우미를 자원했다고요?"
내가 놀란 이유는 보통 도우미를 정할 때 조회시간이나 종례시간 때 선생님께서 "무엘이 도우미할 사람?"이라고 친구들에게 물어보시면 한참 머뭇거리다 한두 명 손을 들었어요. 항상 이래 왔는데 그 친구들은 선생님께서 말씀하시기도 전에 먼저 선생님을 찾아와서 얘기를 했다고 하니까 너무 놀랐죠. 나는 당연히 좋다고 말씀을 드렸어요.
하지만 나는 그 좋은 친구들과의 만남에도 불구하고 친구들에게 받았던 상처들로 인해 여전히 관계에 대한 두려움이 많았습니다. 그 때 문인지 친구들에게 무엇을 부탁하는 말을 잘하지 못했습니다. 많은 것들을 혼자 하려고 했어요.

그때가 아마 쉬는 시간이었던 것 같아요. 가방에서 다음 시간 수업에 필요한 준비물을 꺼내려고 지퍼를 잡는 순간 분명 책상에 엎드려

자고 있는 줄만 알았던 친구들이 우르르 나한테로 와서 "왜? 무엘아? 뭐 꺼내줘?"라고 물어보는 거예요. 나는 괜히 쉬고 있는 친구들을 방해한 것 같아 미안한 마음에 "괜찮아. ㅎㅎ 가서 쉬어. 나 혼자 할 수 있어" 했지만 친구들은 친절하게 가방에서 준비물을 꺼내주었습니다.

 나는 또 미안한 마음에 "고마워 ㅠㅠ"라고 인사를 했습니다. 그러자 친구들은 "아니야, 무엘아. 우리는 친구잖아. 이렇게 가방에서 뭐 꺼낼 때 우리 불러. 바로 올 테니까!"

 그날 정말 큰 감동을 받았어요. 그렇게까지 마음으로 다가왔던 친구들이 없었거든요.

 이런 내 마음에 얼마 지나지 않아 또 홈런을 치는 일이 일어났습니다. 주일날 교회에서 이동하다가 휠체어가 뒤로 뒤집어지는 바람에 머리를 바닥에 부딪쳐서 피가 나는 사고를 당하게 되었어요. 여기저기 까지고 타박상에 몸살이 와서 월요일에 학교에 안 갔었는데 그날 밤에 짝꿍이자 도우미였던 친구가 "무엘아~~ ㅠㅠ 많이 다친 거야? 우리 오늘 너 다쳤다는 얘기 듣고 엄청 걱정 했어 ㅠㅠ. 빨리 괜찮아질 수 있도록 기도할게"라는 내용의 카톡이 온 거예요. 나는 너무 감동을 받았습니다. 이런 연락이 올 거라는 생각은 전혀 못했었는데 나에 대한 진심어린 걱정을 해주는 마음이 느껴져서 정말 따뜻했습니다.(울었다는 건 비밀 ㅋㅋ)

 이 친구들에겐 사소한 관심의 표현이었지만 그것이 나에겐 큰 감동으로 다가왔습니다. 중학교 1학년 그 일도 그렇고, 많은 친구들이 나의 겉모습만 보고 '말은 할 수 있나?' '인지는 있는 아이인가?' 그런 호기심 어린 눈초리들만 보내다가는 어떤 시도들도 잘 하지 않거든요. 그런데 이 친구들은 내가 어떤 것들을 좋아하는지 늘 내 시선으로 바라봐주고, 관심을 갖고 표현해 주었어요.

 그 뒤로도 1년 내내 친구들과의 추억이 많았고, 나의 마음의 문도 활짝 열려 더 이상 단순히 친한 친구가 아니라 상처로 가득 차 있는 나의 마음을 정말 깨끗하게 치유를 해준 정말 고마운 친구들이라는 생각이 들었습니다.
 2학기가 끝나갈 무렵 그동안 가족들에게만 이야기를 했던 내 과거의 상처들의 이야기를 처음으로 그 친구들에게 편지로 고백을 할 수 있었습니다. 편지를 쓰면서도 굉장히 많이 고민을 했습니다. 왜냐하면 가족들이 아닌 사람들에게 태어나서 처음으로 편지를 써보는 거라 걱정이 많이 되었어요. '혹시나 이 편지를 받는 친구들의 마음이 부담스럽지 않을까'라는 생각이 들었어요. 하지만 걱정했던 것과는 달리 친구들이 너무 좋아해주었어요. 같이 마음 아파해주고 나를 많이 이해를 해주어서 그 일 후에 더 친해지게 되었습니다. 그 친구들과는 고등학생인 지금까지도 잘 지내고 있어요!!
 올해는 고등학교 2학년이 되면서 4명의 친구들 중에 유일하게 나와 같은 고등학교에 입학한 친구와 같은 반이 되어서 아주 아주 행복한 마음으로 학교를 다니고 있고, 나머지 셋 친구들이랑도 바빠서 자주는 아니지만 꾸준히 연락하고 지내고 있습니다.

 많은 사람들은 말합니다. 그 사람을 알려면 그 친구를 보면 된다고. 특히 부모님들이 이런 말씀들을 자주 하시면서(tv드라마를 보면) '그 친구는 너무 가난하다' '공부를 못한다' '질이 나쁘다' '너의 미래에 아무 도움이 못된다' 등 친구는 자신보다 나은 친구를 사귀어야 한다고 강조하십니다.

진짜 그럴까요? 친구를 정말 골라 사귀어야 하는 걸까요? 내 생각은 조금 다릅니다. 친구는 나의 부족한 영역을 채워주는 그런 존재가 아니라 모든 걸 함께 나눌 수 있어야 정말 좋은 친구관계가 아닐까 생각합니다.

지금 현재 부족해 보인다고 해서 언제나 그렇지는 않을 테니까요. 또 지금은 다 가진 것 같고 높아 보여도 어느 순간 어려움을 겪을 수도 있고요. 어떤 변화가 있든지 변함없이 그 자리에 함께 있어주고, 또 친구의 빈자리가 보인다면 기꺼이 아낌없이 채워줄 수 있는 존재가 진정한 친구라는 생각이 듭니다. 그런 친구가 정말 오래 갈 수 있는 좋은 친구가 아닐까요? 내 중학교 3학년 도우미 친구들처럼 말이죠.

2부

나의 버킷리스트

고민 말GO 그냥 GO~

이제 사춘기도 어느 정도 지나고 고등학생이 되고나니 '내가 어른이 되면 무엇을 하고 살지?' '이제 슬슬 나의 꿈을 찾고 준비를 해야 할 텐데…' 이런 고민을 수시로 했지만 정작 하고 싶은 것도 없고 꿈도 없는 것 같아서 조바심이 나는 거예요. 그래서 내가 앞으로 나아갈 길을 여러 가지의 방법으로 고민하고 조사하기 시작했습니다.

아빠와 많은 대화도 해보고 담임선생님, 진로선생님과 상담도 여러 차례 했습니다. 그리고 '지금의 위인들은 어떻게 해서 다른 사람들에게 존경을 받을 정도로 성공을 할 수 있었을까?' 라는 궁금증을 가지고 버락 오바마, 스티브 잡스, 빌 게이츠, 워렌 버핏, 월트 디즈니, 스티븐 호킹, 베토벤, 라이트 형제, 오프라 윈프리, 링컨, 스티븐 스필버그, 마틴 루터 킹, 넬슨 만델라 등 다양한 직종에서 최고의 자리에 오른 사람들이 살아온 인생을 읽어보기도 했습니다.

이렇게 많은 위인들의 이야기를 읽으며 한 가지 사실을 깨닫게 되었습니다. 그것은 바로 많은 시도와 경험을 해봐야 한다는 것이었습니다.

오랜 고민 끝에 내린 결론은 '그래! 일단 여러 가지를 경험해보자! 꿈은 꼭 직업일 필요는 없으니 머리 아프게 연구만 하지 말고, 지금 나를 행복하게 해주는 것, 그것부터 시작 해보자. 이제부터 그것이 나의 꿈이자 비전이다!'라고 결심을 하고 버킷리스트를 정하기 시작했어요.

첫 번째 버킷리스트는 스포츠선수였어요. 이 이야기를 하려면 어린 시절로 잠깐 되돌아가야 해요.

어릴 때 지구를 지키는 파워 레인저. 진짜, 엄청 많이 좋아했습니다. 매일 TV 앞에 누워서 재방송으로 봤던 거 보고 또 보고, 그렇게 재방송 보다가 본방송 할 시간 되면 본방을 보곤 했죠. 거기서 나오는 대사도 따라하고, 변신할 때 외치는 파워 레인저 구호도 따라 하고. 아무튼 파워 레인저에 나오는 모든 것을 다 따라 했어요. 그것도 모자라 파워 레인저의 각종 장난감을 진짜 풀세트로 다 사고 변신 슈트(코스튬 옷)까지 모두 모두 샀던 기억이 납니다.

엄마 아빠가 어떻게 그걸 다 사 주었을까요? 지금 생각하니 되게 신기하네요. 비록 엄마 아빠는 아들 덕분에 등골이 휘었겠지만요. 그런 엄마 아빠의 희생(?) 덕분에 어린이집에서 나는 친구들에게 인기 만점이었죠.(엄마 아빠, thank you very much!)

그렇게 친구들에게 인기를 한 몸에 받은 나는 진정한 파워 레인저가 되고 싶었어요. 그래서 그 꿈을 이루기 위해 집에서 혼자 놀 때는 항상 파워 레인저 놀이를 하며 아주 강도 높은(?)훈련을 했습니다.

훈련을 너무 많이 한 나머지 훈련과 현실을 구분 못하고 나 자신만 빼고 모든 사람을 다 악당이라 생각하고 작은 누나한테 자꾸 싸우자고 덤벼서 결국 아빠한테 혼나고 파워 레인저 시청을 영구 정지당하게 됩니다.(공식적으로는 못 봐 몰래몰래 봤어요. 여러분과 나만의 비밀! 모두 쉿~~)

어린이집 갔다가 집에 오면 침대에서 파워 레인저를 보는 게 유일한

낙이었는데 그게 없어지니 너무 심심하고 슬펐어요. 그래서 뾰로통해져 있는 나에게 아빠가 오더니 "사무엘~~ 엄마 아빠랑 누나들이랑 축구 보러 갈래?" 그러는 거예요. 나는 너무 좋아서 "응!!" 하고 얼른 대답을 했어요.

그날 태어나서 처음으로 축구경기장에 가게 됩니다. 경기는 바로 2006년 독일 월드컵 조별예선 1차전 경기였습니다. 그날은 아직도 나의 머릿속에서 생생하게 기억이 납니다. 태극전사들을 위해 목 터져라 응원하는 많은 사람들의 목소리와 경기장에 있는 대형 스크린을 통해 들려오는 중계방송 소리가 하나가 되었던 그 순간. 드디어 골이 터지고 경기를 뛰던 선수들과 응원을 하던 많은 사람들이 기뻐 소리를 지르며 기쁨을 함께 나누는 모습을 보고 소름이 돋았습니다.

그날 이후 나는 축구선수 꿈을 꾸기 시작했어요. 파워 레인저를 꿈꿀 때와 마찬가지로 매일 컴퓨터로 축구 동영상을 보고 침대에 누워서 축구선수가 되었다는 상상을 하며 놀이를 했죠. 락커룸에 들어가서 작전 짜는 것부터 시작해서 심장에 손을 올리고 애국가 1절 다 부르고 경기를 시작하는 상상까지 하며 굉장히 디테일한 놀이를 했죠.(대단하죠?)

하지만 놀이와는 달리 나의 현실은 축구를 할 수 없었죠. 너무 속상했어요. 어린이집 다닐 때 친구들은 대부분 축구를 좋아해서 하원 후에 축구교실에 가곤 했거든요. 정말 너무 부러웠어요. 나는 어린이집 끝나면 재활치료를 가야하고, 또 나는 걷지 못하기 때문에 축구 또한 할 수 없다는 생각에 처음으로 장애를 가지고 태어난 것이 너무나 싫었어요.

이런 내 마음을 잘 알고 있던 엄마가 나한테 말했습니다.

"사무엘. 주님께서는 절대로 너의 마음을 이렇게 힘들게 하려고 이 모습으로 널 보내신 것이 아니란다. 하나님께서는 너를 너무나 사랑하시는 분이고, 네가 어디에서나 행복하게 지내길 바라시는 분이야. 비록 지금은 속상하더라도 그 속상한 마음을 하나님께 '하나님! 저 축구 하고 싶은데 어떻게 해야 돼요? 저도 다른 친구들처럼 뛰면서 즐겁게 축구를 하고 싶어요!'라고 기도를 하고 믿으면 분명 하나님께서는 너의 소망을 이루어 주실 거야."

엄마의 말을 듣고 나는 혼자서 정~~말 열심히 오늘 자고 내일 일어나면 꼭 걷게 해달라고 기도했습니다.

하나님께서 나의 기도를 들으셨는지 초등학교 1학년때 친구들과 어울려 운동장에서 생애 처음으로 축구를 하게 됩니다.

방과후 수업에 축구부가 있어서 무조건 신청을 했는데 축구부 선생님도 선뜻 오케이를 해주셨어요. 정말 설렘이 가득하고 행복한 순간이었습니다. 운동장에서 연습을 했는데 주황색 콘을 요리조리 피해 다니면서 한 명씩 달리는 훈련이었어요. 엄마가 나를 세워서 안고 함께 달려주었어요. 완전하진 않았지만 친구들과 어울려 달릴 수 있어서 재미있었어요. 이것이 운동장에서 뛰어본 첫 경험이었답니다. 그 후로는 관람은 열심히 다녔지만 실제적으로 축구를 해볼 수 있는 기회가 전혀 없었죠.

그럼 다시 되돌아와서, 이런 어린 시절의 경험으로 제일 먼저 버킷리스트로 스포츠선수를 정하게 된 거예요. 축구를 너무 하고 싶어서 할 수 있는 방법이 없을까 정말 눈이 빠지게 검색을 했던 것 같아요.

그러다가 외국 동영상을 하나 보게 되었죠.(유레카!) 'Power chair foot ball' 라는 제목의 동영상이었어요. 나처럼 휠체어를 탄 선수 4명이 축구를 하는 영상인데 정말 파워풀하더라고요.

꺄~악!! 드디어 찾았다! 내가 축구할 수 있는 방법을!

그동안 불가능하게만 생각했는데 나의 현실 속에서 가능한 루트를 찾게 된 겁니다.

그 뒤로 눈에 불을 켜고 국내에 팀이 있는지 찾다가 청소년팀을 발견하게 되어 입단을 했습니다. 여러 가지 열악한 환경이었지만 토요일마다 서울숲에 나가 열심히 연습을 했어요. 7~8월 한여름에 야외 농구장에서 전국대회 준비연습을 서너 시간씩 했는데 그때를 잊을 수가 없습니다. 폭염이 지독히 극성을 부렸던 해였거든요. 살갗이 다 벗겨지고 머리도 후끈거렸지만 연습이 시작되고 휠체어로 공을 드리블하게 되면 그 순간 모든 어려움은 다 사라지고 행복하기만 했어요.

아직 병아리 학생팀이라 전국대회에 나가서 좋은 성적은 거두지 못했지만 골도 넣어봤고 참가했다는 사실만으로도 그동안 축구를 할 수 없었던 10년의 한이 싹 풀어지는 느낌이었어요.

이런 경험을 하면서 내가 한 가지 느낀 것은 간절히 원하면 어떤 방법으로든 기회는 찾아온다는 사실이었습니다. 여러분도 불가능하다고 쉽게 포기하지 말고 10년을 기다리더라도 기회는 꼭 오니까 소망의 끈을 놓지 마세요.

대회를 통해 얻은 것

이번엔 내가 경험했던 또 다른 이야기들을 써보려고 합니다.

중학교 1학년 때부터 지금까지 정말 많은 대회에 참가하게 되었는데 대회를 하나씩 하나씩 치루어나가는 과정 속에서 너무나 값진 경험들을 하게 되었습니다.

중학교 1학년 때였습니다. 교육과정 중에 '정보교육'이 있어요. 나는 이 수업을 들으면서 갑자기 초등학교 때 영화 '어벤져스'를 보고 아이언맨 슈트를 만들겠다는 꿈을 잠깐 가졌던 기억이 나서 '그럼 컴퓨터를 한번 배워볼까'하는 생각을 했습니다.

컴퓨터를 배우고 싶다고 엄마 아빠, 담임선생님께 말씀을 드렸더니 담임선생님께서 "선생님이 잘 알고 지내는 컴퓨터를 가르쳐주는 선생님이 계시는데 한번 만나볼래?" 하시는 겁니다. 정말 감사한 마음으로 주말에 선생님과 함께 양평에 있는 고등학교에 가게 됩니다. 그곳에 도착해서 어느 교실로 안내를 받아 들어갔을 때 정말 아직도 잊히지 않는 새로운 광경을 보게 됩니다.

토요일인데 교실 안은 학생들로 북적거렸습니다. 한쪽에서는 닌텐도 wii를 열심히 하고 있고, 또 다른 한쪽에서는 커피를 만들고 있었습니다. 바리스타교육 중이었어요. 놀라서 눈이 휘둥그레진 나에게 한 선생님이 다가오셨습니다.

"니 중딩이지?"

"네!"

"니 그럼 학교 다니면서 대회 나가 본적 있나?"

"없습니다."

"그럼 내가 이번에 정보경진대회 참가 신청서 줄 테니까, 니 쌤도 컴퓨터 잘하거든?? 니 쌤이랑 연습해서 나가라. 그리고 이제부터는 대회도 많이 나가서 상을 많이 타면 대학 진학할 때도 도움 많이 되니까 앞으로 대회 많이 나가라. 알겠지?"

"알겠습니다!"

그 이후부터 선생님으로부터 정보가 계속 전달됐고, 여러 대회에 참가하게 되었습니다.

제일 처음 출전했던 대회는 경기도 학생 정보경진대회였습니다. 양평에 다녀온 후 담임선생님과 나는 본격적인 대회 준비를 했습니다. 내가 출전할 종목은 '문서작성'이었습니다. 문서작성의 대회 방식은 이러했습니다.

대회측에서 문서가 작성된 시험지를 줍니다. 그러면 1시간 안에 그 시험지와 똑같이 작성을 해서 제출을 하면 되는 겁니다. 나는 오른손이 자유롭지 못하여 왼손만 사용해서 타자를 쳐야 했는데 써야 할 내용들이 길었고, 서식도 많아서 연습이 많이 필요했습니다. 학교 선생님들께서도 대회 준비를 위해 배려해주셔서 친구들이 수업할 때 학교 컴퓨터실에서 매일 아침 8시 20분까지 학교에 가서 밤 9시까지 문서작성 연습을 했습니다.

매일 12시간 이상을 휠체어에 앉아 있다 보니 엉덩이도 많이 아프고 모니터 때문에 눈도 많이 아팠습니다. 하지만 함께 고생해주시는 담임선생님과 틈날 때마다 힘내라고 응원해주고 어깨도 주물러주신 실무사 선생님(학교 안에서 거의 엄마 같은 존재이셨습니다), 또 점심시간 급식실에서 꼭 나를 찾아 오셔서 응원의 말씀을 전해주신 교장, 교감선생님을 비롯한 모든 선생님들의 응원과 친구들의 응원까지.

온 학교가 이렇게 응원해주어서 가만히 쉴 수가 없었습니다. 그래서 눈에 불을 켜고 최선을 다해 연습을 하다 보니 어느새 한 달이 흐르고 대회 당일이 되었습니다.

아무래도 태어나서 처음으로 대회에 나가는 거라 엄청 많이 떨리고 긴장한 상태로 대회를 치르게 되어서 결국 예선에서 떨어지게 됩니다. 비록 결과는 좋지 못했지만 그래도 최선을 다해 준비했으므로 좋은 경험을 한 것 같아 내심 뿌듯했습니다. 그래서 다음 대회를 기약하며 엄마 아빠랑 담임선생님과 함께 맛있는 샤브를 먹었습니다!

생애 첫 대회가 끝나고 두 달 후에 참가한 전국 장애학생 인터넷 검색 대회에 참가신청을 하고 이전의 대회보다 더 열심히 준비하여 전국대회에서 3위를 하는 쾌거를 이루게 됩니다!(짝짝짝!) 전국에서 학생들이 모인 대규모 대회여서 일산에 있는 킨텍스홀에서 열렸고 진행을 맡은 아나운서도 있었습니다. 뭐니뭐니 해도 이 대회는 부상이 끝내줬어요. 아이패드 미니였죠.(득템!) 학교에서 수여식을 했는데 친구들의 부러움을 한 몸에 받았습니다.

그 후로도 다양한 장애인 스포츠경기에 참가해서 전국에 있는 많은 친구들을 만나게 되었습니다. 대회기간 동안 엄청 긴장되지만 수많은 친구들을 만날 수 있고, 선의의 경쟁도 하다 보니 좋은 추억들이 많이 생겼습니다.

고등학교 2년 동안 매해 전국장애학생체전에 보치아 종목에서 경기도 대표로 나갔습니다. 보치아는 하계 패럴림픽정식 종목에 채택되어 있는 경기입니다. 나는 중학교 이전에 잠시 했다가 고등학교에 올라와서 정식으로 도 대표로 훈련에 참가하게 되었습니다.

개인전과 단체전에 동시에 참가하게 되는데 개인전은 혼자만의 경기라 부담이 덜했는데 단체전은 주장으로 팀을 이끌다 보니 팀원들이 못해도 내가 혼나고 내가 못해도 내가 혼나고, 그 자리가 그렇더라구요. 참 힘들었습니다.

그래도 경기장 안에서는 파이팅을 외치며 승리를 다짐하였습니다. 서울팀과의 경기가 제일 인상에 남는데 왜냐하면 제주에서 알았던 친구가 서울팀 주장이더라구요. 너무 반가웠습니다. 우리 둘은 2년 동안 1승1패의 전적으로 막상막하의 실력들을 뽐내고 있습니다. 그런데 이 사랑스러운 녀석이 매해마다 실력이 발전해서 오더라고요. 이 친

구 자체는 정말 착하고 순한 아이인데 경기만 시작되면 엄청 이기려고 프로의 눈빛이 나와요. 솔직히 실력이 너무 좋아서 내 입장에서는 좀 짜증이 나는 친구입니다.(물론 경기를 할 때만 ㅎㅎ)

 4박5일 동안 열리는 대회는 공주와 충주에서 진행됐습니다. 경기 전 콜룸(경기 직전 선수가 대기하는 곳)에 상대편 선수들과 심판들과 함께 있게 되는데 분위기가 살벌했습니다. 선수들과 감독들끼리 신경전이 벌어지는 상황인데 나는 거기서도 경기 상대와 수다를 떨다가 감독님한테 자주 혼났어요.(또르르…) 수다를 떠는 것도 내 나름대로의 작전이거든요. 일명 '아재 개그 작전'
 여러분! 아재 개그의 큰 장점이 무엇인지 아시나요? 바로 시간차 공격입니다. 아재 개그를 들은 순간에는 정말 욕이 나올 정도로 싫다가도 나중에 곱씹어 봤을 때 빵 터지는 거죠. 나는 그 점을 이용한 것입니다. 콜룸에서 아재 개그를 상대방 친구에게 해놓고 경기 도중에 개그를 생각나게 해서 경기에 집중을 못하게 하는 작전입니다. 인천상륙작전 버금가지 않나요? 하지만 적중률이 매우 희박하니 되도록 사용하지 마세요. 괜히 욕만 배 터지게 먹습니다.(내가 평소에도 집에서 아재 개그를 즐겨하는 바람에 누나들한테 욕을 겁나 먹으며 살고 있어서 누나들 덕분에 만수무강할 것 같습니다.)
 그리고 또 하나의 대회가 있습니다. 많죠? 이번엔 성남시 대표로 나간 경기도 장애인체육대회입니다. e스포츠종목이고 닌텐도 테니스로 나갔습니다. 경기도 안에서 열리는 시도대항 경기인데 열심히 준비해서 금메달을 땄습니다.
 그 덕분에 성남시에서 계속 훈련 지원비와 우수선수 지원금을 주어서 우리 집에서 아빠 다음으로 수입이 좋은데 누나들이 종종 햇님 눈

을 하며 콧소리 뿜뿜으로 "무엘아 ~~~"하면서 뜯어갑니다. 물론 내가 너무나 좋아하는 교회 청년부 형들과 누나들에게 미담을 널리 퍼뜨리라며 사주는 거지만요.(ㅋㅋ)

 이렇게 많이 힘들기도 했지만 대회를 하나하나씩을 해나가면서 뿌듯함과 나 자신이 정말 멋있는 사람이란 것을 매번 느꼈습니다.(진심!!!)

Music is my life!

 버킷리스트 두 번째는 작곡을 해보기입니다.
 당시에 서바이벌 음악 오디션이 유행하고 있었어요. TV에 나오는 심사위원들이 참가자들의 노래를 듣고 음악 용어를 말해가며 심사평을 하는 모습이 너무 멋져 보여서 그 계기로 음악에 대한 관심이 많이 생기게 되었어요. 그래서 어떻게 하면 음악을 배울 수 있을까? 고민을 했죠. 맘만 먹으면 큰누나에게 배울 수 있었지만(누나의 전공이 작곡이거든요) 아무리 간절해도 친누나한테 배우게 되면 왠지 내가 을이 되고 누나가 갑이 될 것 같아서 부탁하지 않았어요. 절대!(남자의 자존심!) 차라리 독학을 하자! 했죠.
 그때 오디션 방송을 통해 악동뮤지션을 알게 되고 팬이 되었는데, 알고 보니 이찬혁, 이수현 형과 누나도 작곡과 보컬을 전문적으로 배우지 않았다고 하더라고요. 더 존경하게 되었죠. 그 후로 제2의 악동뮤지션을 꿈꾸며 핸드폰으로 작곡할 수 있는 어플을 통해 나만의 노래를 하나씩 만들기 시작했어요.

 작곡하는 게 얼마나 좋던지 컴퓨터 게임을 하는 것보다 훨씬 재미있고 행복했어요. 나는 이 불타는 2G로 마치 5G 같은 속도로 Garage band를 습득하게 되어서 지금까지 10개의 곡을 만들었습니다.
 대표곡도 있습니다. 나의 불후의 명곡! 큰누나의 디스곡 '민이레는 촌년'입니다. 이 노래가 어떻게 나오게 되었느냐 하면, 내가 중학교에 다니고 있던 어느날 가족들이 함께 모여 저녁을 먹고 있었는데 큰 누나이신 민이레 누나께서 엄마에게 앞머리를 자르고 싶다며 미용실에 보내달라고 했습니다. 엄마가 안 된다고 하니까 누나가 지…, 아니 난리를 쳐서 결국 엄마가 "오케이. 그럼 엄마가 잘라줄게"라고 제안을 하게 됩니다.

누나는 처음에 주저하며 싫다고 했지만 한시라도 빨리 앞머리를 자르고 싶었던 터라 크게 후회할 선택을 하게 됩니다. 고민도 잠시, 얼마 지나지 않아 "콜!!"을 외치며 앞머리를 자르게 된 거죠. 그렇게 몇 분의 정적이 흐른 뒤 지붕이 날아 갈 듯한 누나의 괴성을 듣게 되었습니다.

"엄마!!!! 이게 뭐야~~~ㅠㅠ 완전 촌년 같잖아ㅠㅠ"
"이거 봐봐ㅠㅠ 엄마가 완전 촌년처럼 잘라놨어ㅠㅠ"

소리치며 컴퓨터 게임을 하느라고 정신이 없는 나한테 달려왔습니다. 누나 머리를 보는 순간 너무 웃기기도 했지만 잠들어 있던 나의 깝 DNA가 발동하여 '누나를 놀리는 디스곡을 만들어야겠다'는 생각을 했습니다.

핸드폰에 있는 garage band를 사용하여 작곡, 작사, 편곡까지 다 해서 이레누나와 가족들한테 들려주었습니다. 불과 1시간 만에 완성한 명곡이었습니다.

반응은 정말 최고였어요! 지금도 누나를 놀리고 싶으면 언제나 그곡을 재생시킨답니다.

나만의 특별한 이야기를 쓰기

그렇게 어느 정도 작곡을 경험하고 보니 또 다른 것을 도전해 보고 싶은 마음이 들었습니다. 나의 세 번째의 버킷리스트였죠. 내가 직접 책 써보기.

아마 나를 아주 잘 아는 사람들은 "잉?"하며 놀랄 것이 틀림없습니다. 왜냐? 나는 책을 엄~~~청 싫어하는 사람이기에 '민사무엘이 책을 쓴다?' 믿을 수가 없을 겁니다. 나도 지금 이렇게 책을 써내려가는 나 자신이 믿기지가 않으니까요.

그럼 다시 본론으로 돌아와서 내가 왜 굳이 세 번째 버킷리스트를 책 쓰기로 정하였는지 말씀드리겠습니다.

내가 초등학생이었을 때 아빠가 닉 부이치치의 다큐멘터리를 보여주셨어요. 그때 닉 부이치치의 삶과 이야기를 듣고 큰 감동을 받았습니다. 잘 알고 계시겠지만 닉 부이치치는 팔과 다리가 없는 지체장애로 태어났습니다. 그런데 그의 모습은 오히려 두 개의 팔과 두 다리를 갖고 있는 나보다 더 행복해 보였습니다.

그는 장애를 가졌다는 이유로 학교에서 많은 친구로부터 놀림을 받아서 하루하루가 상처 뿐이었던 나에게 큰 용기를 주었어요. 그래서 자연스럽게 나의 비전은 닉 부이치치처럼 사람들에게 희망을 전하는 사람이 되고 싶었던 겁니다.

하지만 '나는 닉 부이치치처럼 공부를 잘하는 것도 아니고 그렇다고 해서 많은 사람들에게 좋은 멘토가 되어줄 만큼 인생에 대한 많은 경험을 해 본 것도 아닌데 어떻게 하면 많은 사람들에게 희망을 줄 수 있을까?'라는 고민이 있었어요. 쉽게 말해 '나만의 브랜드'가 없었던 것입니다. 닉 부이치치 같은 경우에는 선교사, 작가, 강연자 등 다양한 면에서 자신을 사람들에게 알릴 수 있는 자신만의 브랜드가 많이 있었죠. 반면에 나는 그저 학교에 가기 싫어하고 공부하는 것도 너무 싫어하는 평범한 고등학생에 불과했습니다.

그래서 내 삶의 이야기를 통해 지금 나같이 사춘기를 보내고 있는 친구들과, 사춘기를 보내고 있는 사랑하는 자녀들의 마음을 조금이라도 이해하고 싶어 하실 부모님들께 내 책을 통해 조금이나마 도움을 줄 수도 있겠다는 생각이 들었던 거지요.

한편으로, 나는 예전부터 내 이야기를 쓴 책을 출판하겠다는 꿈을 가지고 있었습니다. 그 꿈을 위해서 이 책을 쓰기 시작한 겁니다.(작곡에 비해 단순하죠?)

책을 쓰는 일에 거의 반 년을 푹 빠져 살았습니다. 너무 재미있었어요. 학교에서도 틈틈이 쓰고 싶은 이야기들을 메모해서 카톡에 올려놓고 하나씩 완성되어가는 글을 볼 때마다 환호성을 지를 만큼 짜릿하게 좋았어요.

그러면서도 '이런 소소한 이야기에 과연 사람들이 귀 기울여 줄까?' '너무 별로라고 안 봐주면 어떻게 하지?' 이런 걱정도 했답니다. 그렇기는 해도 멈추기엔 글 쓰는 일이 좋았고, 일단 '시작이 반이다'라는 생각과 함께 '처음에 안 좋은 결과가 있더라도 두 번째, 세 번째에 잘하면 되지 뭐' 이런 마음으로 끝까지 쓰게 되었습니다.

나의 또 하나의 꿈은 이 지구 위의 70억 인구를 다 만나보고 싶은 거예요. 그 꿈이 책을 통해 이루어질 수 있다는 소망을 가지고 있어요. 꼭 이번 책이 아니더라도 말이에요.

3부

나의 이야기

엄마가 들려주는 나의 이야기

이번엔 내가 기억할 수 없는 아주 어린시절 이야기를 해보려고 해요. 엄마한테 자주 들었던 이야기, 나의 태아기와 신생아 시절 이야기로 가볼까요?
두둥!!!
엄마가 들려주는 이야기입니다.

너를 처음 만난 건 호주 캔버라에서였어.
엄마아빠가 한창 상담공부를 하고 있을 때였지.
함께 공부하던 여러 가족들 중 옆집 남자아기를 너무 이뻐하던 들레 누나가 매일 밤 엄마 배에 손을 얹고 기도했었어.
"하나님, 저에게 귀여운 남동생을 주세요! 제발요!!!"
그러던 중 정말 네가 우리 가족에게로 왔지.
제일 먼저 엄마가 느꼈어. 기도했을 때 하나님께서 사무엘이란 이름도 주셨단다.
그때부터 넌 우리 가족에게 정말 특별한 존재가 되었어.
임신 3개월쯤 한국으로 돌아왔고, 두 달 뒤 전치태반이라는 진단을 받게 되었어.
그 뒤로 참 많은 일들이 있었단다.
입원과 퇴원을 반복했지만 결국 30주 만에 1.8kg으로 네가 태어났어.

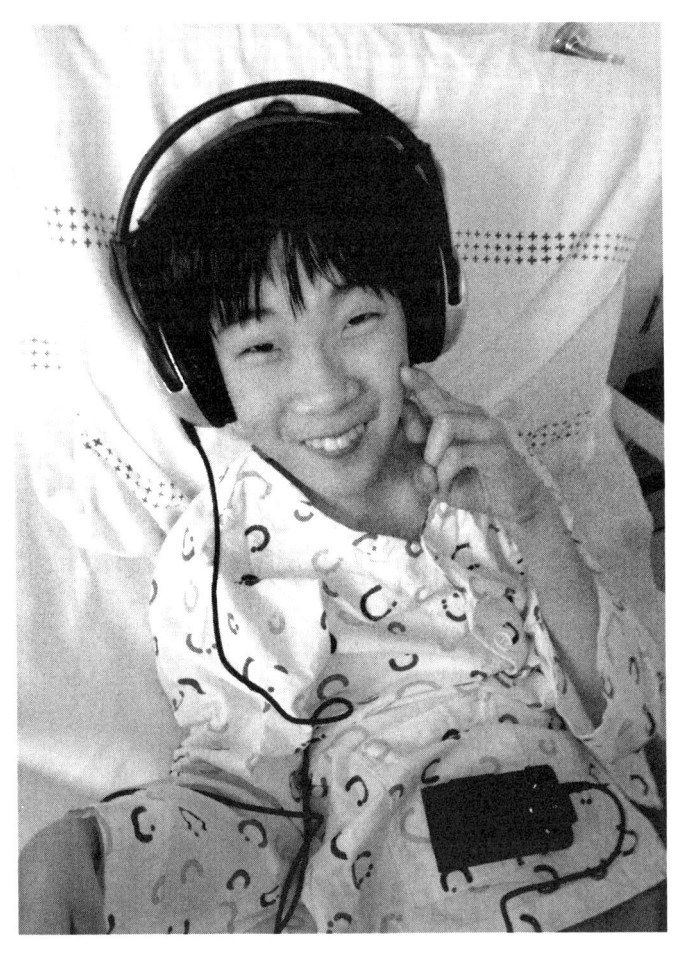

 막 태어난 너는 엄마 품에 있지 못하고 근처 대학병원 신생아 중환자실로 갔어. 인큐베이터도 아닌 투명 테이블 안에 누워 있는 너에게 두세 개의 기계에 연결된 여러 가닥의 줄들이 달렸어. 너무도 작은

팔과 다리를 축 늘어뜨리고 있는 너의 모습을 아빠는 지금도 잊을 수가 없대.

호흡이 조금만 불규칙해져도 경고음이 띠띠띠 울려대는 그 공간에서 아빠는 너의 작은 발을 손가락으로 만지면서 "환영한다" "와줘서 고맙다"고 인사를 겨우 했대.

엄마도 병원에서 마취가 깬 순간부터 밀려오는 너에 대한 걱정이 얼마나 컸었는지….

빨리 회복해서 널 만나러 가야겠다는 일념으로 열심히 노력했어.

아침저녁으로 아빠가 너를 보고 와서 오늘 이랬고 저랬고 자세히 너의 모습을 이야기해주었지. 미숙아 망막증치료로 눈에 안경 모양의 검은 패치를 붙여놨는데 그것도 선글라스를 낀 것처럼 너무 멋졌다는 둥, 턱밑에 솜털이 길게 나서 꼭 염소수염 모양인데 너무 귀엽다는 둥.

드디어 6월 첫 주에 퇴원을 하고 한걸음에 병원으로 달려갔어.

복도를 걸어가면서 신생아실이 눈앞에 조금씩 다가올 때 얼마나 가슴이 쿵쾅거리던지. 문이 열리고 여러 인큐베이터 중에서 네가 있는 곳을 바로 찾았어.

아빠 말대로 까만 선글라스를 쓰고 온힘을 다해 호흡하고 있는 너를 만났어.

너무 사랑스럽고 귀하고. 그때의 마음을 어떻게 표현해야할지 모르겠다.

말로 다 할 수 없이 반가웠어.

품에 너무 안고 싶었는데 어찌될까봐 손과 발만 쓰다듬다가 왔어.

집으로 돌아오면서 아무것도 해줄 수 없는 무기력함이 잠시 밀려오기도 했지만 엄마랑 아빠는 용기를 내기로 했어. 한 호흡을 하기 위해 온몸을 들썩이며 힘을 들이는 너를 보면서. 사무엘 네가 빨리 엄마아빠 곁으로 오기 위해서 얼마나 애쓰고 있는지를 충분히 느낄 수 있었거든. 우리도 쉬지 말고 기도로 함께 하자고. 우리가 할 수 있는 것을 열심히 하자고.

 아래층이 교회 예배당이어서 시간을 정해 내려가서 아빠랑 손 붙잡고 기도하고, 또 병원 가서 면회하고 나와서 복도에서, 주차장에서 네가 있는 조그만 창문을 바라보면서 소리내서 시간 가는 줄 모르고 기도했단다.
 기도를 한참하고 있으면 창문 너머로 네가 인큐베이터 안에서 발을 쭈욱 올려 뻗는 모습을 볼 수 있었어. 그 모습이 엄마아빠에겐 "엄마아빠 화이팅!! 금방 엄마아빠한테 갈게!" 그러는 메시지를 보내는 것 같았어.
 그런데 다시 또 한 번 시련이 온 거야.
 2000년 6월 중순쯤 의료파업으로 의사들이 진료를 거부해서 온 나라의 병원들이 뒤숭숭하던 때였는데 그게 너에게도 영향을 미쳤던 것 같아.
 매일 회진을 돌고 머리 둘레와 기초적인 검사를 하는데 며칠이 지난 후에야 머리 사이즈가 점점 커져가고 있다는 걸 알아차렸나 봐.
 초음파를 찍어봤는데 이미 왼쪽 뇌실이 엄청 커져 있었대. 두 주 동안 너무 잘 자라고 있었고, 이제 체중만 2.8kg 이상이 되면 퇴원시켜 준다고 그랬었는데. 갑자기 수두증이라니! 날벼락과 같은 소식이었어.
 설명을 듣고 들어가니 커져있는 뇌실에 주사바늘을 꼽고 호스를 연결해서 뇌 척수액을 계속 뽑아내고 있었어.
 머리는 움직이지 못하게 헤드폰 같은걸 씌워놓고 하얀 붕대로 칭칭

감아놓았더라.
 그 모습을 보고 손이 떨려서 아무 말도 못하고 있었는데 네가 눈을 똑바로 맞추고 나를 쳐다보았어. 그 맑은 눈을 평생 잊지 못할 것 같아.
 "엄마! 걱정 하지마!" 꼭 그러는 거 같았거든.
 너무 작은 아이에게 어떻게 이런 큰 시련들이 연거푸 일어났는지 몰라.

 며칠 뒤 의사가 말하더라. 척수액은 더 이상 차지 않고 있지만 뇌실 주변의 뇌세포들이 치즈처럼 구멍이 났다고. 아직은 뇌가 발달되지 않은 상태라 이 죽은 세포들이 어느 영역을 관장하는 세포들인지 알 수가 없다고.
 아마 평생 못 걸을 수도 있고, 평생 눈이 안 보일 수도 있고, 평생 못 들을 수도 있다는 무시무시한 말들을 들었어.
 하지만 이 말 때문에 퇴원 후 너의 성장을 보면서 수시로 하나님께 감사할 수 있었어.
 네가 문 닫히는 소리에 깜짝 놀라는 모습을 보면 "아, 청력은 이상 없구나! 하나님 감사합니다!" 모빌을 보며 웃고 가족들과 눈 마주치며 옹알이를 할 때도 "아, 우리 사무엘이 시력도, 언어도, 정서도 괜찮구나! 하나님, 감사합니다!"
 모든 것이 좋았는데 운동 영역에만 영향력이 남더군.
 왼손만 사용하고 오른손과 두 다리를 마음대로 움직일 수가 없게 되었어.
 16개월 때 뇌병변 1급 장애진단을 받고 지금까지 변함없이 살아가고 있지만 너와의 시간들은 늘 감사고 축복이야. 네 표현으로 레알 진심. ㅎ
 때론 너를 조산한 것에 대해 자책하는 마음이 들어서 힘들 때도 많았어.

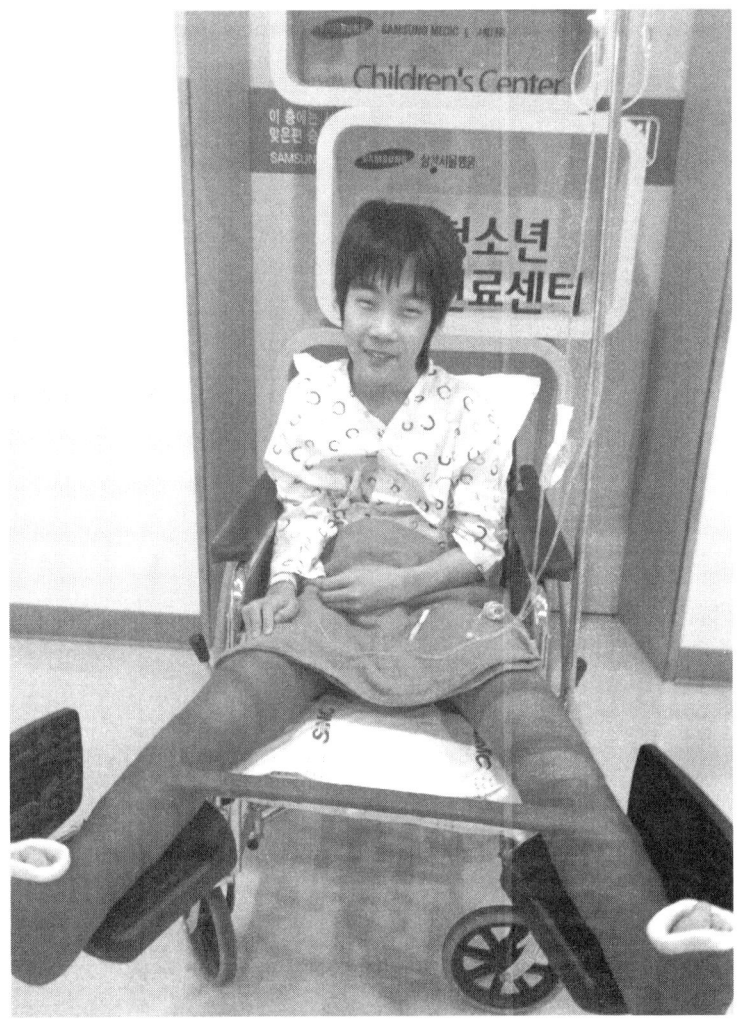

그때마다 하나님이 주시는 마음은, 사람의 실수로 귀한 아들의 삶을 어렵게 바꾸시는 하나님이 아니시라는 거야.

모든 사람들의 삶의 주권이 하나님께 있다고 말씀하셔.

어떤 삶의 모습이든 사람의 관점으로는 누구의 삶이 더 좋아 보이고, 성공한 것처럼 보이고 그렇지만 삶의 주권을 주님께 드리고 주님의 시선으로 삶들을 바라보면 비록 그 삶이 광야길 같이 길게 돌아가는 길이라 할지라도 그 누구와도 비교할 수 없는 축복과 구원의 삶이라는 사실을 받아들일 수 있게 되지.

그러니까 후회나 절망이나 포기 같은 건 할 필요가 전혀 없겠다는 마음이 들더라구.

하나님이 사람들을 너무 사랑하셔서 사람의 모습으로 이 땅에 오셔 죄인의 자리에 서신 것처럼, 사무엘이 사람들의 편견이 가득한 그 자리에, 많은 절망과 아픔이 있는 그 자리에 주님의 마음을 품고 서 있어줘서 고맙다고 말씀하셨어.

장애인으로 살아가면서 참기 힘든 편견과 절망과 아픔에 대해 무릎 꿇지 않고 누구보다도 행복하게 살아가는 너를 바라보면서 너와 함께 하시는 하나님을 느낄 수 있고, 이 시간들을 가까이서 함께 할 수 있음이 너무 감사해. 아들, 사랑해~~

엄마로부터 이 이야기를 몇 번이나 들었는지 몰라요.

내가 태어나게 된 이 많은 일들을 들으면 참 신기합니다. 누군가 나를 지켜줬고, 보호해주셨고, 계속 구원해주셨음을 알게 되요.

정말 기적이었죠.

지금도 늘 나의 기도는 하나님이 제일 먼저 들어주신다니까요. 누나들이 제일 부러워해요. "넌 좋겠다" 그러면서.

아빠가 들려주는 나의 이야기

엄마가 내가 어떻게 엄마아빠 곁에 오게 되었는지 들려주었다면, 아빠는 나와 지내면서 나를 통해 배우게 된 이야기를 들려주십니다.

아빠는 사무엘에게 얼마나 고마운 마음이 있는지 들려주고 싶어.
엄마가 나눈 이야기처럼, 처음 우리 사무엘이 엄마아빠 곁에 올 때는 참으로 어렵고 힘든 시간이었지만 이제까지 함께 지내오면서 사무엘을 통해 많은 것을 배우게 되고, 알게 된 일들이 너무나 많기 때문이야.
제일 먼저 나누고, 고맙다고 하고 싶은 이야기는 네가 이제까지 건강하게 함께 살아와줘서 고맙다는 거야.
아직까지 만날 시간이 안 되었는데 수술을 통해 태어난 우리 무엘이.
엄마가 있던 병원에서도 치료가 안 되어 대학 병원으로 옮겨 혼자 신생아실에서 네 시간여를 치료받았지.
저녁이 다 되어서야 너를 볼 수 있다고 허락을 받아서 마주한 첫 만남은 많은 기계들에 둘러 싸여서 너무나 힘없이 누워있던 아주 작은 아기였어.
눈에는 안경 모습을 한 안대를 붙여 놨는데 얼마나 잘 어울리던지 아주 잠깐 그 시간이 어려운 시간이라는 걸 깜빡 잊을 정도였어.
그런데 불과 몇 분 안되어서 둘러싼 기계들 중 하나가 빨간 불빛을 반짝이며 경보를 울리고 저쪽에서 일하던 간호사 선생님이 달려와 아주 조그만 네 입에 튜브를 물리고 쉭쉭쉭 펌핑을 할 때에는 가슴이 무너지는 듯했어.

어? 이게 뭐야?

네 조그만 폐가 미처 호흡 준비를 못하고, 태어나서 4시간이나 약을 투여해서 폐가 호흡할 수 있도록 치료를 했지만 아직은 스스로 호흡이 안 되어서 네가 들숨을 쉬지 못하면 기계가 경보를 울리고, 그러면 펌핑을 해서 호흡을 도와줘야 한다고 하는데 정말 가슴이 미어지듯 아팠던 기억이 어제처럼 생생해.

요즘도 문득 문득 너를 바라볼 때마다 그때를 떠올리면 나도 모르게 지금의 네 모습이 어떠하든지 상관없이 마음에는 이런 말이 크게 들리곤 해.

"사무엘! 그 어려움을 이기고 아빠 곁에 살아있어 줘서 고마워!"

아빠는 너의 처음 시작이 어떠했는지를 알기 때문에 지금 네가 내앞에 존재하는 것만으로도 충분히 기쁘고 아주 감사하단다.

다음으로 나누고 싶은 이야기는 네가 그 어려운 배 뒤집기를 태어난 지 몇 년만에 성공하던 날이야.

네가 병원에서 퇴원하던 날 주치의 선생님은 수두증으로 인해 뇌에 손상이 많아서 어쩌면 평생 누워서 지낼 수 있다고 하셨는데 그 진단을 비웃기라고 하듯이 배 뒤집기를 성공하고, 그 이후로는 잠깐이라도 벽에 기대어 세워놓으면 버티고 서 있기도 하고, 그 이후에도 많은 가능성을 보여주어서 온 가족을 기쁘게 하던 네 모습이 생각나.

그때는 잘 몰랐어. 그저 쉽게 일어나는 기적과 같은 것인 줄 알았지. 마치 때가 되면 꽃이 피는 것처럼 그런 것인 줄 알았어.

그런데 언젠가 재활병원 선생님께 진료를 받으면서 원래는 상지마비, 하지마비 이렇게 나누는 것이라고 하신 말씀을 기억해. 원래는 두 발이 모두 장애가 있고, 두 손이 모두 장애가 있는 거라고.

그런데 네가 한 손을 사용할 수 있는 이유가 네가 아주 어렸을 때 무의식적으로 네 스스로 활동하기 위해 노력을 해서 이렇게 한 손을 사용하게 된 거라고 설명을 하시는데 아빠는 너무 놀랐어! 네가 얼마나 많은 노력을 하는 아이인지 확실히 알게 되었지.

'아! 우리 무엘이는 자신이 원하는 것을 찾기만 하면 최선을 다하는 아이구나' 하는 것을 확실히 알게 되었지.

네가 무엇을 원하는지 분명히 알고, 그것을 이루기 위해 네가 할 수 있는 모든 것을 다하는 용감한 아들이어서 고마워.

많은 고마움 중에 가장 고마운 것은, 우리 무엘이가 어려서부터 하나님의 아들로 살아왔다는 사실이야.

너와 함께 제주 열방대학 목요 모임에 참가할 때면 얼마나 행복했는지….

아마 너도 기억할거야. 하나님을 찬양하는 시간에 안기도 하고, 업기도 하고 때로는 아빠 어깨에 무등을 태워서 함께 하나님을 찬양할 때면 네 얼굴에서 세상에서 볼 수 없는 하늘의 기쁨을 볼 수 있었지.

초등학교에 다니던 어느 날 학교에서 내어준 '자신감'이라는 주제로 글을 써오라는 숙제가 아빠 마음에는 큰 도전이었고 깨달음이었단다.

걸을 수 있다.
난 걸을 수 있다.
난 축구를 할 것이다.

난 꼭 걸어서 훌륭한 축구 선수가 될 것이다.
이런 게 자신감이다.
나는 꼭 이 자신감을 버리지 않을 것이다.
나는 치료를 통해 자신감을 가졌다.
그래서 난 이렇게 성장했다.
하지만, 나도 '포기할까' 라는 생각이 들었던 적이 있다.
그러던 도중 하나님께서 "사무엘아 포기하지 말아라. 내가 도와주리라"
말씀해 주셨다.
그래서 난 다시 일어섰다.
난 다시 자신감을 갖고 치료를 하고 있다.
난 꼭 걸을 것이다.

너의 숙제 글을 읽는 순간은 오랫동안 품고 있던 너를 향한 나의 오해가 풀어지는 시간이었지.
 아주 어려서부터 너는 항상 축구 선수가 꿈이라고, 박지성 선수처럼 유명한 축구 선수가 될 거라고, 한결 같이 너의 꿈을 이야기했는데….
 아빠는 그럴 때마다 우리 무엘이가 어리기 때문에 현재의 어려움이 얼마나 심각한지 잘 모르고, 아이이기 때문에 마치 감기가 싹 낫는 것처럼 생각해서 네가 한결 같이 축구 선수, 축구 선수 하는 줄 알았단다.
 그런데 이 글을 보는 순간 너는 더 이상 아무것도 모르는 어린아이가 아닌 것을 알게 되었지.
 가장 크게 눈에 들어온 글은 "나도 포기할까?"라는 생각이 들었다는 고백이었어.
 아, 우리 사무엘이 가볍게 생각한 게 아니었구나. 몸이 낫는다는 것이 얼마나 어렵고 힘든 일인지 알고 있었구나.

그와 동시에 아빠의 마음을 울컥하게 했던 것은 그렇게 포기하려고 했는데 하나님의 말씀을 들었다는 너의 고백이었어.

"사무엘아. 포기하지 말아라. 내가 도와주리라"고 하신 말씀을 들어서 네가 포기하지 않았다고 고백한 글이 아빠의 마음을 하나님 앞에 다시 꿇게 만들었고, 누구보다도 하나님과 함께 살아가는 너의 모습에 한없는 감사가 쏟아져 나왔단다.

아빠가 더욱 고마운 것은, 무엇에 도전하든지 그 모습이 한결 같았다는 거야.

얼마 전에 전국 장애인 학생 체전에 경기도 대표로 보치아 경기에 나가서 시합할 때가 생각난다.

한 경기 한 경기 치를 때마다 하나님께 기도하고, 경기에 임할 때도 초조하거나 불안해지면 기도하던 너의 모습은 마치 엄청난 감동의 영화를 보는 것 같았어.

경기 중에도 불안하고 초조해져서 손에 땀이 나고, 보치아 공을 잡은 손이 바르르 떨릴 때면 넌 어김없이 공을 무릎 위에 내려놓은 채 자꾸 치켜들리는 오른손을 억지로 끌어다가 손을 모으고 기도하는 너의 모습은 정말 눈물 없이는 볼 수 없는 영화 그 자체였어.

그렇게 기도하고 진정되었는지 다시 공을 들어 타켓 공을 향하여 던지고… 네 생각대로 들어가면 관중들의 환호와 함께 하늘로 두 팔 벌려 "할렐루야!"를 외치던 모습은 네가 얼마나 하나님과 함께 하는지 알게 되는 시간이었어.

더욱 놀란 것은 결승을 앞두고 체육관에서 이동을 하는데 어떤 선생님이 다가오셔서 하시던 말씀이었지.

"사무엘. 네 시합 보면서 은혜 많이 받았어."

더더욱 놀란 말은 또 다른 선생님이 "야, 사무엘! 나는 교회에 안 다니는데 너희 아빠가 목사님이라며? 너 요번에 결승에서 이기면 내가 네 아빠가 하시는 교회에 나갈 거다 알겠지? 화이팅!"

그 말을 들었을 때 너는 하나님과 동행하는 아이를 넘어서서 하나님을 전하고 있는 전도자였음을 깨닫게 되어 얼마나 네가 자랑스럽고, 하나님은 그런 너를 바라보시며 얼마나 기뻐하실까, 눈물이 왈칵 솟구쳤단다.

그때 아빠가 마음으로 고백했어!

"맞아요, 하나님. 우리 사무엘은 더 이상 세상이 바라보는 장애를 가진 아이가 아녜요. 누구보다도 건강하고 자유로운 아이예요. 저 아이의 자유로운 영혼을 제한하지 않게, 하나님 안에서 더 자유롭도록 도와주게 해 주세요."

이렇게 기도했단다.

무엘아. 네가 하나님을 더 잘 알도록 도와줘서 너무 고마워.

마지막으로, 하나님의 꿈을 꾸고 이루어가는 네가 자랑스럽고 고마워. 축구를 꿈꾸기 시작하며 전동 휠체어 축구를 하는 네가. 노래하기를 즐거워하며, 새 노래 짓기를 꿈꾸던 네가, 하루 종일 몇 시간씩 곡을 만들어서 들려주는 네가.

이제는 세상과 소통하고 싶다고 책을 써보겠다고 꿈을 꾸기 시작하더니 하루에 몇 시간씩 학교에서도 시간만 되면 고치고, 다시 쓰고 또 고치고 다시 쓰면서, 그것도 한 손으로 핸드폰을 쥐고 한 손가락으로 타이핑하느라 온 몸에 경직이 심해지는데도 시간가는 줄 모르고 글을 쓰는 네가 얼마나 자랑스러운지 몰라.

그 어떤 꿈도 네게는 막연함이 아니라 오늘 네가 할 일이었고, 뭘 해야 하나 하는 막연함이 아니라 동산에 숨겨놓은 보물찾기 같은 즐

거움이었고, 과연 가능할까 하는 염려가 아니라 꿈 자체만으로도 이루어지든 이루어지 못하든 상관없이 기뻐하는 기쁨이었고, 꿈을 실제로 이룰 수 있다면 그 꿈 한 가지를 이루기 위해 모든 것을 잃어버린다 해도 아깝지 않는 용기로 달려가는 네가 자랑스럽단다.

누구에게 보이거나 가르치려고 하는 것도 아니고, 오늘 행복하면 충분하고, 내일도 행복하다면 감사하고, 그렇게 날마다 꿈꾸고, 꿈으로 어제와 오늘을 이어가는 너의 삶을 바라보며 너와 함께 살아갈 앞으로 시간이 아빠도 기대가 된단다.

너의 꿈을 이어가는 시간에 함께하게 해주어서 고마워.

나의 현실은 꿈을 꿀 수 없는 어려움인데 '내게 꿈이 있는 것은 나 스스로 꿈을 만들어 낸 것이 아니라 하나님께로 부터 온 것입니다'라고 고백한 다윗처럼 살아가는 우리 무엘이.

어떤 어려움이 앞으로의 시간에 있다 할지라도, 그 어려움이 다윗 앞의 골리앗이라 할지라도 다윗의 손에 들린 조그만 돌멩이가 골리앗을 쓰러뜨린 것처럼 오늘 네 손에 들려있는 하나님의 꿈이 능히 네 앞에 있는 어려움의 골리앗을 쓰러뜨리고 승리하는 삶을 살게 되리라 믿어.

멋진 사무엘! 사랑하고, 너의 멋진 꿈을 축복해.

4부
먹고, 기도하고, 싸우고, 사랑하라

중국에 가다

여행이란 것은 늘 설레고 즐겁습니다. 나에게 여행은 한 나라의 문화와 환경을 눈으로 보며 그 나라들을 배울 수 있는 시간이었습니다. 그래서 여행을 하면서 느꼈던 것들을 여러분과 나누고 싶습니다.

지금까지 가봤던 나라들은 중국, 일본, 미국 샌프란시스코와 시애틀, 대만까지 모두 다섯 곳입니다.

먼저 중국 청도에 갔던 이야기를 하겠습니다. 이 여행이 태어나서 처음으로 가본 해외여행이었습니다. 그래서 한편으로는 설레고, 또 한편으로는 많이 긴장을 했습니다. 왜냐하면 여행을 가기 몇 주 전에 TV에서 여러 나라의 이색음식들을 소개하는 프로그램을 우연히 시청했는데 마침 중국 음식도 나왔습니다.

TV에 소개된 음식들의 비주얼은 너무 충격적이었습니다. 닭 뇌. 미확인 동물의 눈알, 각종 벌레로 만든 음식들. 그 광경들을 보고 나는 엄청 겁을 먹고 중국 현지음식에 대한 선입견을 가진 상태로 중국에 가게 됩니다.

공항에 도착하자마자 우리 가족을 마중 나온 현지 중국인 선교사님 한 분과 그곳에서 살고 계신 한국인 선교사님이 예약한 음식점으로 갔습니다. 가는 동안 갑자기 신앙심이 이전보다 더욱 깊어져 간절히 기도했습니다.

"하나님. 제발 이상한 요리가 나오는 현지 음식점만 아니게 해주세요!"

짧은 시간에 사도신경, 주기도문, 회개기도까지 내가 할 수 있는 기도는 다 했습니다. 드디어 음식점에 도착해서 들어갔는데 와! 중국 특유의 향신료 냄새가 강력하게 코끝을 때렸습니다. 기도를 헛했다는 생각이 들었습니다.

드디어 주문한 음식들이 나왔습니다. 음식들을 찬찬히 탐색해 보았습니다. 다행히 비주얼은 평범했습니다. 그렇지만 나는 의심을 풀지 않고 돼지고기를 튀긴 음식을 한 입 먹었습니다. 그 순간 입 속에서 기름의 느끼함과 중국 향신료의 맛이 강하게 느껴졌습니다. 그래서 제대로 씹지도 않고 그냥 삼켰는데 음식이 식도부터 위까지 내려가는 게 다 느껴질 정도였습니다. 너무 속이 울렁거려서 그 자리에서 바로 토를 했습니다. 그 뒤로 나는 중국 여행 동안에 한국에서 미리 가지고 간 라면만 먹었답니다. 뼛속까지 한국인 입맛이지요?

나와는 달리 작은누나는 모든 음식이 입에 맞았다고 하더라고요. 양고기 샤브샤브가 나왔을 때 나는 한 수저도 삼키지 못했는데 누나는 요즘도 양고기 노래를 부릅니다. 너무 맛있었대요.

중국하면 마사지죠. 선교사님께서 우리 가족이 머물렀던 아파트 상가에 있는 발 마사지샵에 데려가 주셨는데 마사지사들이 하얀 가운을 입고 있는 게 인상적이었습니다. 전문가들 포스가 팍 풍겼습니다.

그 이후에도 여러 차례 방문했는데 나에게 많은 관심을 보여주며 마지막 날엔 척추를 따라 마사지를 해주면서 이렇게 하면 상태가 아주 호전될 거라며 진심으로 돌봐주셨습니다. 형편이 되면 몇 달 머물면서 치료를 받았으면 좋겠다고 했습니다. 정말 따뜻한 분들이었습니다.

또 하나 신기했던 건 동네 마트에 김밥천국이 있었던 겁니다. 이런 곳에 한국음식이 있다니! 중국음식에 손도 못 댔던 큰누나와 나에겐 진짜 천국이었답니다.

비록 음식은 입맛에 안 맞아서 고생을 많이 했지만 그 고생을 한 덕분에 지금도 첫 해외여행을 아주 스펙터클하게 기억하고 있습니다.

일본에 가다

이번에는 일본 도쿄 여행 이야기를 해볼까요?

일본에 가면 꼭 들르고 싶었던 곳이 있었습니다. 바로 도쿄 디즈니랜드! 정말 그곳은 꿈이 현실이 되는 곳이었습니다.(지금 다시 생각해 보아도 가슴이 두근두근~~)

일본 여행은 우여곡절이 많았습니다. 중국 여행은 아빠의 강의 스케줄을 다섯 가족 모두가 따라가면서 자연스럽게 가족 해외여행이 되었습니다. 그래서 선교사님들께서 숙소, 음식, 관광 등 모두를 가이드 해주셔서 여행하기 편했습니다.

그런데 일본여행은 순전히 여행할 목적으로 간 것이었습니다. 그래서 모든 것을 우리 힘으로 해야만 했습니다.

정말 힘들었습니다. 공항에서 도쿄 시내로 가는 지하철을 타기 위해 공항과 연결된 지하철 입구를 찾아가야 했습니다. 그런데 지하철 노선도를 보니까 지하철마다 가는 역들이 모두 달라서 입구도 여러 개였습니다. 어디로 가야 할지 전혀 알 수 없었죠. 그렇게 멍하니 안내판만 보며 패닉에 빠져 있었습니다.

그때였습니다. 마침 그곳을 지나가고 있던 직원분이 오셔서 일본어로 우리한테 말을 걸었습니다. 당연히 직원분의 말은 하나도 못 알아듣고 그냥 "코리안!"을 외쳤습니다. 그러자 그분은 "오케이" 하시면서 손짓으로 자신이 도와주겠다고 했습니다.
 아빠는 얼른 우리가 묵을 숙소의 표를 그분에게 보여주었습니다. 그분은 활짝 웃으며 또다시 "오케이"라고 답하고는 따라오라고 손짓했습니다. 우리 가족은 일본어 책에서 공부한 "아리가또 고자이마스"를 연발하며 마치 길 잃은 양들이 갈 길을 몰라 방황하다가 목자를 만나 그 목자의 뒤를 따라가는 그런 모습으로 그분을 따라갔습니다.
 그분의 도움으로 무사히 지하철을 타고 숙소로 갔습니다. 숙소에 도착해 짐을 풀고 조금 쉬다가 도쿄 관광을 시작했습니다.
 다행히도 한국에서 미리 도쿄에서 가보고 싶은 관광지를 정하고, 숙소에서 관광지로 가는 방법까지 조사를 했기 때문에 공항에서 지하철 타는 것보다는 비교적 쉽게 목적지를 찾을 수 있었습니다.

 대중교통을 이용하면서 한국과 일본의 차이를 알 수 있었습니다. 가장 놀라웠던 건 지하철 탑승객들의 모습이었습니다. 한국 지하철은 어느 정도 사람들이 말하는 소리가 나는데 일본은 그냥 도서관 같은 분위기였습니다. 사람들끼리 한마디도 하지 않고 그냥 조~~용했습니다. 그런 분위기 때문에 우리 가족은 눈치를 보며 소곤소곤 이야기 했던 기억이 납니다.
 지하철을 타고 여기저기 돌아다니면서 시장도 가보고, 온천에도 가보고 하는 시간들이 너무 행복했습니다.

 자! 이번엔 디즈니랜드 이야기를 시작하겠습니다.
 그곳은 너무 아름다웠습니다. 영화 속에서만 보던 디즈니 캐릭터들이 거리를 뛰어다니며 어린이들과 함께 사진을 찍었습니다. 또 디즈니 영화를 그대로 옮겨 놓은 놀이기구도 있었답니다.

지금에 와서 가장 아쉬운 것은 내가 디즈니랜드를 갔었을 때는 아직 디즈니가 마블 스튜디오를 인수하기 전이라 지금처럼 마블 놀이기구는 없었다는 겁니다. 기회가 된다면 꼭 다시 가고 싶습니다.

우리 가족은 먼저 디즈니 숍에 갔습니다. 거기서 모자와 옷들을 산 뒤 본격적으로 놀기 시작했습니다. 그날 숙소도 디즈니랜드 숙소에서 지내기로 했으므로 시간과 상관없이 놀면 됐습니다.

아주 신나게 놀았습니다. 디즈니랜드에서 놀이기구를 탈 때 휠체어를 타고 있는 사람은 들어가기 전에 안내 데스크에 얘기를 하면 예쁜 카드를 하나 줍니다. 그럼 그 카드를 가지고 타고 싶은 놀이기구에 가서 직원에게 보여주면 바로 탈 수 있었습니다.

우리 가족은 나 덕분에 다른 사람들은 2시간을 기다려서 타는 것을 바로 바로 탈 수 있었습니다. 보통의 경우 차례를 기다리는 시간이 길어 놀이기구를 3~4개밖에 타지 못한다고 하는데 우리는 무서운 것만 빼고 거의 다 타 보았습니다.

토이 스토리, 몬스터주식회사, 백설공주, 카, 타잔 등 다양한 놀이기구를 탔습니다. 이것들 말고도 많이 탔는데 잘 기억이 안 나서 기억이 나는 것만 적었습니다. ㅎㅎ

열심히 놀이기구를 즐긴 뒤 점심을 먹고는 화려한 오후 퍼레이드를 관람했습니다. 피터팬, 잠자는 숲속의 공주, 신데렐라, 미녀와 야수, 라이온 킹, 카, 토이 스토리와 디즈니의 마스코트인 미키 마우스까지. 나에게는 꿈같은 시간이었습니다.

그렇게 하루 동안 디즈니랜드에서의 좋은 시간을 보내고 다음 날 우리가 향한 곳은 지브리 박물관입니다. 미국의 디즈니를 갔다면 일본의 지브리도 가야겠죠?

지브리 박물관은 우리나라 사람들에게는 하울의 움직이는 성, 이웃집 토토로, 귀를 기울이면, 센과 치히로의 행방불명 등을 탄생시킨 지브리의 수장 미야자키 하야오의 지브리 역사를 알아볼 수 있는 곳입니다.

지브리의 탄생 과정, 작업 하는 중에 생긴 에피소드 등을 설명해 놓았습니다. 그것을 보면서 창작이란 역시 힘든 일이고 값진 일이라는 것을 다시금 깨달았습니다.

아사쿠사를 방문했을 때는 처음으로 누나들과 인력거를 타고 시내 구경을 했습니다. 우리 인력거를 끌어준 일본 분은 정말 친절했습니다. 원래 둘 이상은 안 태워주는데 나를 배려해서 누나들 사이에 흔쾌히 태워주었습니다. 가끔 멈추고는 사진도 찍어주었습니다.

도쿄 음식은 비교적 잘 맞았던 것 같습니다. 돈까스나 장어덮밥이나 우동 등을 잘 먹었습니다.

지하철을 탔을 때 친절했던 직원들을 잊을 수가 없습니다.

시설은 우리나라보다 안 좋아서 계단인 곳도 많았는데 리프트를 타더라도 끝까지 옆에 서서 함께 올라가주고, 지하철에 올라탈 때도 열차와 선로 사이 공간이 별로 넓지도 않았는데도 경사로를 깔아서 태워주었습니다. 더 놀라운 건 우리가 도착한 역에 내가 탄 열차 칸 앞에 또 다른 직원이 경사로를 들고 서 있었던 일입니다.

일본여행을 가기 전에는 뭔가 일본과의 사이가 굉장히 멀다고 여겨졌었는데 문화도 비슷하고 또 친절한 분들만 만나서 그런지 좋은 이미지를 갖게 되었습니다.

미국 샌프란시스코에 가다

이번에 이야기 할 여행지는 미국 샌프란시스코입니다.
샌프란시스코 이전까지는 아시아 쪽만 여행을 갔는데 드디어 아빠가 샌프란시스코에 강의 일정이 잡혀서 미국 여행을 가게 됩니다. 아쉽게도 돈이 없어서 직항으로는 못 가고 일본을 경유해서 갔습니다. 인천공항에서 일본공항으로 간 다음 8시간을 머물다가 샌프란시스코에 가는 여정이었습니다. 몸은 많이 피곤했지만 미국을 간다고 생각하니 너무 설레었습니다.

미국 여행을 하면서 시차 적응 덕분에 내가 약골이란 사실을 알게 되었습니다. 거의 3일 동안 제정신이 아닌 채로 다녔거든요. 그래서 지금도 샌프란시스코 여행 중 3일의 기억은 없답니다.

그곳의 목사님이 우리를 관광시켜주었습니다. 나파밸리라는 와인농장에도 가봤고, 스탠포드대학도 견학했습니다. 샌프란시스코의 랜드마크인 금문교에도 갔습니다. 표현력이 갑인 우리 가족은 가는 곳마다 감탄사를 연발하면서 재미있게 다녔습니다.

스탠포드대학은 정말 넓더라구요. 높은 탑에 올라가 전경을 볼 수 있었는데 모두 빨간 벽돌인 학교 건물들이 참 멋있게 느껴졌습니다.
우리를 가이드해준 목사님과 도서관에서 만나기로 해서 들어갔는데 대학의 기념품들도 다양하게 팔고 있었습니다. 지금도 누나들 방에는 그때 사온, 스탠포드 이름이 적힌 빨간 배꼽티를 입고 있는 커플 곰 인형이 있답니다.

캠퍼스를 걸어 다니면서 우리 셋 중에 가장 체력이 좋은 작은누나가 자전거를 타고 다니며 공부하는 모습들을 상상하면서 그랬으면 좋겠다는 소망들을 나누었습니다.

금문교를 갔을 때 바람이 어찌나 세게 불던지 금문교 전체가 내려다보이는 언덕이었던 거 같은데(무슨 벙커 같기도 하고) 배가 고파서 컵라면을 싸가지고 간 우리는 물을 끓여야 먹을 수 있어서 물을 끓이는데 바람 때문에 도저히 끓지를 않지 뭡니까. 그래서 용감한 우리 가족은 버너를 들고 벙커로 내려갔습니다. 먹는 것 앞에선 용감한 우리들. 그랬더니 아주 잘 끓더라구요.

우리는 내려간 김에 아예 컵라면도 그곳에서 맛있게 먹고 있는데 그 모습이 웃겼는지 외국인이 사진을 찍어도 되겠냐고 묻더군요. 그래서 "오케이" 그랬죠.

시내관광은 지하철을 타고 다녀야했습니다. 낯선 곳이라 잠깐 두려움이 있었지만 그래도 용감하게 길을 나섰어요. 다운타운에 도착했을 때 제일 먼저 눈에 띤 것은 트램이었습니다. 샌프란시스코가 배경인 영화에 항상 등장하는 명물이기에 만장일치로 타보기로 했습니다. 트램을 타고 바닷가로 내려갔는데 큰누나가 졸라서 초콜렛 공장을 갔습니다. 우리 집의 막내는 큰누나입니다. ㅋㅋㅋ

볼 게 많았습니다. 초콜릿 공장을 모두 둘러 본 후 바닷가로 다시 걸어가서 목사님이 알려주신 크램차우더가 아주 맛있다는 식당에 들어가 안 되는 영어를 풀가동시켜 음식을 시켜서 감사하게, 맛있게 먹었습니다.

아, 맞다. 여러분! IN-N-OUT 이라는 햄버거 집을 아시나요? 이 햄버거 가게는 미국의 서부에만 있는 유명한 맛집입니다. 그곳은 엄격한 관리를 통해 정말 신선한 채소들로만 햄버거를 만드는 걸로 유명합니다. 감자칩도 주문이 들어오면 통감자를 즉시 기계로 썰어서 튀겨주는데 맛이 정말 끝내줍니다. 햄버거를 한 입 먹어본 우리 셋은 말을 잊을 정도로 흡입했습니다. 패티와 그 위에 얹어놓은 치즈, 또 그 위에 양파까지. 정말 음식 맛의 조화가 장난이 아닙니다.

조금 정신을 차리고 봤더니 콜라 컵에 성경구절이 써 있더라구요. IN-N-OUT도 성경구절에서 따온 말이라고 합니다. 아무튼 모든 것이 만족스러운 버거였습니다. 맛도 이름도. 그 뒤로 내가 그 집 버거를 몇 번 먹었을까요? 한국으로 돌아오는 날 공항가기 전에도 들려서 사먹고 왔답니다. 작년 내 생일에 큰누나가 흰 셔츠티를 사줬는데 가슴에 IN-N-OUT 로고가 그려진 티였어요. 한국에 온 뒤로도 늘 잊지 못하고 먹고 싶다고 말하고 다녀서 그랬답니다.

내가 생각하기에 이번 여행을 하면서 얻은 최고의 수확인 것 같습니다. 미국 서부로 여행가실 분들은 꼭 드셔보세요. 여러분께 IN-NOUT을 강추합니다

샌프란시스코의 거리를 다니면서 놀라웠던 것은 나처럼 휠체어를 타고 다니는 사람을 많이, 자주 볼 수 있었다는 사실입니다. 한국에서는 기껏해야 1~2명 정도 볼까말까 하는데 샌프란시스코 거리에서는 어느 관광지를 가던 10명 정도의 사람을 본 것 같습니다. 우리 가족 모두가 신기해했고 또 한편으로는 샌프란시스코의 장애인을 위한 시설이 부러웠습니다.

한국은 거리 또는 건물에 계단이나 길 곳곳에 턱들이 많아 다니기가

매우 어렵습니다. 그럴 때마다 가족 중 한 명은 나를 안고 나머지 3명은 휠체어를 들고 계단을 내려갑니다. 요즘은 지하철의 경우 리프트가 있다고 하지만 실제로는 역마다 배치된 리프트가 적어서 이용을 하고 싶어도 못한 적이 많았습니다.

 나야 뭐 가족들이 많으니까 이렇게라도 다닐 수 있지만 나보다 오랫동안 휠체어를 타신 어른들 중에는 가족 없이 혼자 생활을 하시는 분들이 많고, 외출하는 게 힘들어서 아예 외출을 안 하는 분들도 많다고 합니다.

 샌프란시스코는 음식점은 물론이고 모든 건물에 휠체어가 올라갈 수 있는 경사로가 기본적으로 있었습니다. 한국은 혼자 휠체어를 타고 다닐 수 있는 곳들이 제한적인데 반해 샌프란시스코는 마음만 먹으면 어디든 드나들기에 편하게 되어 있었습니다. 우리나라처럼 병원이나 복지관 같은 곳들에만 있는 것이 아니라 모든 곳에 있어서 장애인들이 제한적이지 않고 어디든 편하게 다닐 수 있는 환경이 준비가 되어 있는 것을 보고는 이런 곳에서 살고 싶은 마음이 들 정도였습니다. 하지만 현실은 '영.알.못'이라는 점 때문에 바로 배추 포기!

미국 시애틀에 가다

중3 올라가기 전 아빠가 미국 시애틀에 강의 스케줄이 생겼습니다. 아빠는 오랜만에 가족여행을 가자고 제안했습니다. 그런데 아빠가 시애틀에 머무는 일정이 2월 후반부터 3월 초까지라서 새 학기가 시작하는 시기랑 겹치기 때문에 고민했습니다.(사실 나는 고민하는 척 했습니다. 누나들의 경우는 모르겠습니다. ㅋㅋㅋ)

결국 누나들은 못 가고 엄마, 아빠, 나 이렇게 셋만 시애틀에 가기로 결정했습니다.

정말 정말 가슴이 설레었습니다. 시애틀을 간다니, 정말 꿈만 같았죠. 그렇게 설레는 마음으로 여행 준비를 했습니다. 시애틀에서 어디를 갈지, 유명한 관광지도 알아보고 또 내가 엄청 좋아하는 디즈니 샵은 어디에 있는지 알아보며 꼼꼼하게 조사를 했습니다.

드디어 시애틀로 출국하는 날이 되어서 엄마, 아빠, 나는 새벽부터 일어나서 인천공항으로 가서 시애틀로 출발합니다. 인천공항에서 시애틀까지는 10~12시간 정도의 비행시간이었는데 아뿔싸! 5시간 정도 비행기를 타다 보니 엉덩이가 너~~~~~무 배기더라고요. 의자를 조금 뒤로 눕혀보려고 버튼을 찾아보았는데 버튼이 없는 거지 뭡니까. 할 수 없이 아빠 무릎에 누우려고 했는데 이번에는 좌석 사이에 있는 팔걸이가 꼼짝도 안하는 겁니다. 엄청 당황했습니다. 더군다

나 미국 항공사 비행기라서 영어가 짧은 우리 세 사람은 직원에게 말도 못하고 그냥 꼬박 12시간을 정자세로 앉아서 갔어요. (흑흑)

그렇게 엉덩이에 불이 나도록 꾹 참고 시애틀에 도착하자마자 바로 한국인 직원분께 여쭤봤더니 우리가 앉은 자리는 아기와 함께 비행기를 타는 사람들을 위한 베이비 케어석(용어가 맞나?)이라 의자가 고정이 되어있다고 하더군요. 그 말을 듣고 나는 티켓팅을 한 아빠를 엄청 구박을 했답니다.(내가 불효자이지요? ㅎㅎ) 아빠는 비행기의 출입문과 가장 가까운 곳으로 자리를 잡았다고 설명을 아니, 변명을 하더라고요.(내가 무겁기도 하고 아빠도 나이가 들면서 나를 예전처럼 오래 못 안아요.)

숙소에 도착해서 짐을 다 푼 우리는 시차 때문에 너무 졸려서 바로 잤습니다. 첫날은 그렇게 보내고 둘째 날 아침은 공항에 마중을 나오셨던 분들과 핫케이크 전문점으로 가서 아침밥을 먹었습니다. 와! 그런데 케이크 사이즈가 어마어마하더라고요! 양도 엄청나서 다 못 먹었습니다. 그래도 내 취향이어서 좋았습니다.

식사를 마친 우리는 차를 타고 아빠는 강의를 하러 교회로 가고, 엄마와 나는 관광지를 다녔어요. 시장도 가고, 신발가게도 가고, 점심도 먹었습니다. 물론 교회분과 동행했지요. 수고하신 그 분께 지금도 감사한 마음입니다.

또 하루를 보내고 셋째 날 주말이 되었습니다.

토요일에는 폭포만 보고 오는 게 반나절이나 걸려서 아무 것도 못했기 때문에 토요일은 건너뛰고 아주 재미있었던 일요일을 이야기하겠습니다.

일요일 아침 주일예배를 드린 후 아빠는 바로 강의를 하러 가고 엄마와 나는 누나들에게 줄 선물과 내가 어렸을 적 재활치료를 위해 입원 생활을 함께 하면서 친해져 지금까지 가족처럼 지내고 있는 동생들의 선물을 사기 위해 쇼핑몰에 갔습니다.

이번에는 엄마와 저 둘만 가게 되었어요. 가이드를 해주시던 교회 분이 급한 일이 있어서 우리를 쇼핑몰에 데려다만 주셨기 때문입니다.

당연히 우리 두 사람은 의사소통에 대한 걱정을 하기 시작했습니다. 그렇지만 누나들의 선물과 동생들의 선물을 사기 위해 당당하게 "엄마! 걱정 하지 마. 내가 영어 할게."라고 외치며 가게에 들어가서 선물을 고르고는 떨리는 마음으로 계산대에 갔습니다. 솔직히 말해서 시애틀에 오기 전까지는 내가 미드를 많이 보았기 때문에 듣는 것은 자신이 있었습니다. 그런데 시애틀에서 현지인 사람들이 말하는 영어와 미드 속에서 말하는 영어는 완전히 달라서 당황했습니다. 말하는 속도가 너무 빨라서 도저히 이해가 되지 않았어요.

아무튼 계산대에서 웃으며 돈을 주고 가게를 나왔는데 다른 몇몇 가게들은 셔터가 내려져 있지 뭡니까. 그때는 오후 4시밖에 안 된 상황이어서 그저 가게를 리모델링 공사하는 건가보다 여기고 쇼핑몰 구경을 계속했습니다.

엄마가 요리용품을 파는 가게가 있다며 한번 구경하자고 했습니다. 그래서 함께 이것저것 구경을 하고 있었는데 갑자기 윙~~ 소리가 났습니다. 너무 놀라서 소리가 나는 쪽으로 쳐다보았더니 셔터가 닫힌 거예요. 엄마와 나는 엄청 당황스러워져서 얼른 카운터에 있는 사장님께 나가고 싶다고 말했더니 영어로 블라블라 하시며 손짓으로 알려 주셨습니다.

영어를 못하는 나와 엄마는 뭐라 말했는지 이해도 못한 채 그 분의 손짓만 추측을 해보며 출구를 향해 갔더니 진짜 커다란 문이 나오더라고요. 그 문에 크고 빨간색으로 글씨가 쓰여진 종이가 붙어있는 것을 보았습니다. 나는 본능적으로 느낌이 쎄~~ 해서 엄마한테 출입문이 아닌 것 같다고 말을 하려는 순간 그곳을 빨리 벗어나고 싶었던 우리 오마니께서 그 느낌이 쎄한 문을 힘껏 밀었답니다.

 그 순간 경보음이 울렸고 몇십 명의 경비원들이 심각한 표정으로 달려왔습니다. 경비원들을 보는 순간 나의 머릿속에는 미국 범죄 영화에서 본 한 장면이 떠올랐습니다. 빠삐용 옷을 입고 죄수 피켓을 들고 사진을 찍는 내 모습.

 다행히 경비원이 괜찮다고 오히려 먼저 우리한테 와서 말을 해주고 가게에서 나오는 것까지 도와주셔서 안전하게 가게를 나올 수 있었습니다. 그분께 쇼핑몰이 문을 닫는 시간을 물어보니 저녁 6시라고 했습니다. 그 말을 듣고 2차 멘붕이 왔습니다. 가게를 나온 시간이 5시45분이었고 당장 우리를 데리러 올 수 있는 사람도 없었기 때문입니다.

 엄마와 나는 잠시 고민을 하다가 엄마가 예전부터 친하게 지내고 있던 아는 이모가 시애틀에 살고 있었고, 마침 아빠의 강의를 들으러 왔다는 얘기를 전날 아빠한테 들었던 기억이 났습니다. 그래서 바로 엄마가 이모한테 데리러 와달라고 카톡을 했더니 우리를 데리러 급히 와주셨어요. 지금도 경보음이 울렸던 그 순간을 생각하면 아찔합니다.

 스타벅스 1호점도 가봤습니다. 그곳에는 사람들이 엄청나게 많았습니다. 2시간 동안의 기다림 끝에 마셔 본 커피 맛은 그냥 똑같은 커피 맛이었습니다.(너무나 당연한 소리지만. ㅎㅎ) 그래도 좋았습니다.

대만에 가다

2016년 12월에는 가족 모두 대만 여행을 갔습니다. 이 여행은 우리 가족에게 의미가 큰 여행이었습니다. 우리 가족 모두 육체적으로도 그렇고 정신적으로도 쉼이 필요했던 때였습니다. 여행을 가기 전 우리 가족은 서로가 일주일, 하루하루 살기에 너무 바빴습니다. 그래서인지 가족과 함께 보내는 시간들이 예전처럼 많지 않았습니다. 그러다가 얼굴을 마주 할 때는 서로가 싸우고 비난하는 일이 생겼습니다. 그래서 우리는 숨 막히게 반복되는 일상들을 잠시 내려놓고 대만으로 여행을 가기로 결정을 했던 것입니다.

지난 여행들과는 달리 이번에는 준비부터가 달랐어요. 여행할 나라부터 가족이 함께 모여 기도로 정하기 시작했거든요. 가족 모두가 한 마음이 되어 정말 열심히 기도를 했습니다.

처음엔 여러 나라가 나와서 다시 반복해서 기도했습니다. 그렇게 기도에 기도를 거듭하다가 결국 대만으로 정하게 되었고 현지에 계신 선교사님과 연락을 해서 숙소도 정하고 일정도 잡았습니다.

여행기간 동안 각자 무슨 역할을 할 것인지도 기도를 하며 정했습니다. 가족 모두 각자의 역할을 정하는 것까지는 정말 좋았지만 딱 두 가지 힘든 점이 있었습니다. 둘째누나가 회계를 맡게 되었는데 여행 내내 얼마나 짜게 구는지 큰누나랑 매번 부딪힌 것 한 가지와, 하루 여행을 마칠 때마다 저녁에 모여서 기도하고 마음을 나누는 시간들이 있었는데 나는 이 시간을 제일 힘들어 했습니다. 그래도 우리 가족은 모두 함께 기도 모임을 계속했습니다.

 대만에 가서 느낀 첫 인상은, 보통 해외여행을 가면 '내가 외국에 왔구나.' 하는 느낌이 드는데 대만은 서울에서 제주도에 온 느낌이었습니다. 너무 친숙한 분위기였다고나 할까요. 그래서 첫날부터 이번 여행은 정말 재미있을 것 같은 느낌이 들었습니다.
 우리 가족은 다섯 명이다 보니 해외여행을 가려면 비행기 표 값이 많이 듭니다. 때문에 조금이라도 더 싸게 가려고 노력을 많이 합니다. 이번에도 조금이라도 싸게 가려고 하다 보니 저가 항공을 택하게 되었고, 그 비행기가 김해에서 출발하는 것이어서 힘이 들었습니다. 집에서 차로 김해공항까지 가는 데 4시간이 걸렸습니다. 거기서 대만까지는 비행시간이 2시간이었습니다. 완전 강행군이었죠. 다음에 대만에 또 가게 된다면 이 루트로는 절대로 가지 않을 것입니다.
 암튼 밤 11시가 넘어 타이베이 공항에 내린 우리는 공항 근처 게스트 하우스를 빌렸습니다. 회색 추리닝을 입으신 젊은 사장님이 공항까지 우리를 데리러 나와주었습니다. 지친 몸을 이끌고 숙소에 갔는데 숙소가 너무 럭셔리하다고 느꼈습니다. 화장실에 욕조도 있고 정말 깨끗했거든요.
 욕조를 보는 순간 몸에 있는 피곤들을 반신욕으로 풀고 싶은 욕구가 하늘을 찔렀습니다. 그래서 아빠의 도움을 받아 바로 옷을 벗고 욕조에 들어가 물을 받기 시작했습니다. 물 받는 소리가 얼마나 좋던지 세상을 다 가진 기분이었습니다.
 그런데 갑자기 방금 전까지 잘만 나오던 따뜻한 물이 안 나오고 찬물만 계속 나오는 거지 뭡니까. 아직 물이 발목까지 차지 않아서 물을 더 받아야만 했는데 말이죠. 나는 제발 따뜻한 물이 다시 나오길 바라는 마음으로 간절히 기도를 하며 물의 온도를 뜨거운 쪽으로 끝까지 돌렸지만 따뜻한 물은 전혀 나오지 않습니다. 여행 첫날의 호된 신고식이었습니다.

덜덜 떨면서 샤워를 마치고 근처 편의점에서 아빠가 사온 컵에 담긴 우육면을 먹었습니다. 대만에 오기 전 여러 TV 여행프로그램을 통해 우육면이 맛있다는 정보를 많이 들었는데 추워서 그랬는지 정말 맛있게 먹었습니다.

온 가족이 한 방에서 푸욱 잘 자고 다음날 버스 터미널로 갔습니다. 거기서 버스를 타고 기차역으로 가서 선교사님이 사시는 타이중으로 가기 위해서입니다. 전날 밤에 도착했던 터라 터미널에서 처음 본 대만 하늘은 정말 좋았습니다. 어제까지만 해도 엄청 추운 한국의 겨울 날씨에 있다가 갑자기 여름 날씨인 대만 하늘을 보니 더 큰 감동이었습니다. 큰누나는 핸드폰으로 열심히 사진을 찍으면서 너무 좋다고 했습니다.

기차역에 도착해서는 큰누나가 대만에서 꼭 먹어야 한다는 밀크티를 사먹었는데, 까만 개구리 알 같은 게 잔뜩 들어있는 티였습니다. 누나는 정말 맛있다고 소리 질렀지만 나는 별 맛을 모르겠더라구요.

기차를 타고 타이중으로 내려가서 무슨 쇼핑몰에서 선교사님을 기다리고 있었는데 쇼핑몰 광장에서 익숙한 한국 가요가 들려서 가봤습니다. 트와이스의 노래였습니다. 초등학생인 듯한 어린이들이 광장 무대 위에서 화려한 옷을 입고 트와이스의 안무를 똑같이 하고 있었습니다. 한 팀만이 아니었고 그곳에 가득 모인 모든 사람들이 K-POP에 열광하고 있었습니다. 한국인으로서 참 뿌듯했어요.

얼마 지나지 않아 기다리던 선교사님이 봉고차를 끌고 오셨습니다. 여행 내내 우리를 잘 태우고 다닌 봉고차입니다.

차를 타고 예류공원도 가고, 지우펀도 가고, 바닷가에 있는 대만 맥도널드도 갔습니다. 오는 길에 온천도 하고 야시장도 데려가 주시고 정말 재미있는 곳을 많이 보았습니다. 타이중에 있는 동안 정말 잘 섬겨주셔서 너무 행복하고 감사했습니다.

선교사님과 헤어진 우리는 다시 타이베이로 올라와서 단수이라는 곳을 우리끼리 지하철로 찾아가게 됩니다. 대만은 지하철이 정말 잘 되어 있습니다. 어느 역이든 출구에 들어서면 제일 먼저 엘리베이터가 있습니다. 한국에선 엘리베이터를 찾느라 늘 고생을 하는데 말입니다. 대만은 지하철 티켓이 종이도, 카드도 아니고 플라스틱 토큰을 넣고 들어가게 되어있는 게 이색적이었습니다.

어디를 가든 우리 다섯 가족은 눈에 띄었던 것 같습니다. 시끄럽기도 했고 덩치들도 크고 게다가 캐리어 큰 거 3개랑, 휠체어를 탄 나랑 정말 엄청난(?) 규모였습니다. 우리가 지하철에 들어서면 모두 홍해가 갈라지는 것처럼 길을 비켜주었습니다. 휠체어석이 따로 있었고, 모두 잘 배려해주었습니다.

단수이는 정말 이쁜 곳이었습니다.

숙소는 우리끼리 쓰는 줄 알았는데 어느 외국인 여자 한 분과 함께 사용하게 되었습니다. 우리 가족이 워낙 시끄러운 편이라 좀 조심스러웠습니다. 그래도 여행 내내 몇 번 마주치지 않아 다행이었습니다.

아침 일찍 버스를 타고 영화 '말할 수 없는 비밀'에 나온 고등학교를 찾아갔습니다. 버스를 타고 이동했는데 기사 아저씨가 아주 친절했습니다. 직접 내려서 뒷문으로 오셔서 경사로를 만들어주어서 편하게 오르내릴 수 있도록 배려해주었습니다. 버스 중간에 봉만 있고 휠체어 좌석이 비어있는 구조라 휠체어로 타고 내리기가 쉬웠습니다. 가끔 중고등학생들이 함께 탔는데 한국인인 우리를 참 좋아해주어 뿌듯했습니다.

가족 여행에서 늘 생기는 일이지만 투닥거리는 일들도 자주 있었습니다.

중정기념관에 갔을 때인데 엄마아빠가 어느새 싸웠는지 회계인 작은누나한테 둘 다 백 원씩을 받아가지고 숙소로 돌아간다고 그러는 겁니다. 우리 셋은 저러다가 또 돌아오겠지 하고 늘 하던 대로 신경 끄고 우리끼리 재미있게 사진 찍고 놀았습니다. 역시 예상대로 조금 뒤에 함께 돌아왔습니다. ㅎㅎ

어색한 분위기 속에 사진을 찍고 나와 누나들이 배고프다고 난리를 쳐서 딘타이펑에 갔습니다. 대기 줄이 엄청 길었습니다. 큰누나가 직원한테 가서 대기표를 받아와서 직원 흉내를 냈는데 아직까지도 가끔 그 흉내를 내고 웃습니다. 한국 사람들이 얼마나 많이 오는지 직원분이 한국말을 정말 잘 하셨대요. 그런데 약간 어설퍼서 질문을 할 때마다 "괜찮아?"를 반말로 계속 물어보더래요. 누나가 억양을 정말 똑같이 해서 기다리는 게 지루하지 않고 재미있었습니다.

드디어 식당에 입장해서 샤오롱바오를 한 개 입에 넣는 순간 입안에서 사르르 녹으면서 밖에서 기다리던 힘든 순간들은 모두 잊어버리게 되었습니다. 우리 셋은 몇 판을 먹었는지 모를 정도로 흡입을 했답니다. 옆에 서 있는 직원들이 녹차 같은 물을 계속 리필해주었는데 됐다고도 못하고 주는 대로 다 마셨습니다.

배를 두드리며 나와서 골목을 돌아갔는데 또 맛집을 발견! 대만에서 꼭 먹어야 한다는 망고 빙수가 있었습니다. 오 ~~~! 정말 맛있었어요. 어느 배에 또 들어갈까 그랬는데 역시 누나들의 말대로 디저트 배는 따로 있었습니다.

다음날 시내에 있는 국립박물관에 갔는데 모든 게 너무 크고 내 스타일은 전혀 아니어서 구경하는 데 힘들었습니다. 그러다가 눈을 번쩍 뜨이게 했던 게 있었는데 그건 바로 훠거집에 갔을 때였습니다.
나는 샤브샤브 매니아인데 훠거를 얼마나 좋아했겠습니까? 게다가 고기가 무한리필! 우리는 한 번에 4판씩 시켜서 총 21판을 먹었습니다. 더 좋았던 건 하겐다즈 망고 아이스크림을 무제한 먹을 수 있다는 것이었습니다. 한국에선 아주 비싼 하겐다즈 아이스크림이 14가지나 있었습니다.
아참! 단수이에서 철판요리집도 갔었는데 거기 주방장님이 철판에 스테이크도 구워주고 연어도 구워주었는데 그 모습이 어찌나 멋있어 보이는지 넋 놓고 쳐다보았답니다. 그래서 요리를 맛있게 먹고 나오면서 누나들에게 말했죠.
"나 이제 철판요리사가 될래."
누나들은 엄청 웃어댔답니다.

이렇게 여행이 잘 마무리가 되어가는 듯했는데 엄청 황당한 일이 마지막 날 벌어졌습니다.
마지막 밤에 회계인 둘째누나랑 남은 여행비를 다 계산해서 숙소비만 남겨두고 근처 야시장에 가서 지인들에게 드릴 선물들을 사왔는데 엄마가 숙소비 계산을 잘못했던 거예요. 3일치를 남겨야 하는데 하루

치만 남겨 놓는 실수를 한 것이었죠.

그다음 벌어질 아찔한 상황을 아무도 예상치 못하고 즐겁게 숙소를 정리하고 짐을 싸고 떠날 준비를 마쳤습니다. 드디어 숙소를 소개해 주신 간사님이 오셔서 너무 감사했다고 숙소비를 전해드렸는데 "어? 이건 하루치예요."하는 순간 엄마 얼굴은 하얘지고 우리 넷은 동시에 엄마를 엄청 구박 하기 시작했습니다. 모두가 머리를 회전시켰지만 가진 돈은 달러밖에 없었고 은행은 토요일이라 안 열었고, 간사님은 우리를 기다리고 있는 상황이라 정말 막막했습니다.

그때 갑자기 큰누나가 "나, 좋은 방법이 생각났어!"라며 눈이 두 배로 커졌어요. 대만에 오기 직전에 체크카드를 재발급 받으면서 직원이 비자카드가 아닌 유니온 페이로 발급을 해준 것을 기억한 것입니다.

자기만 믿으라고 말하며 간사님과 함께 근처 쇼핑몰에 가서 ATM 기계를 찾았는데 안 되는 거예요.

모두가 울상을 지으며 단수이 지하철역 앞 횡단보도를 건너고 있었어요. 토요일이라 정말 많은 사람들이 지하철역 앞에 모여 있었는데 그 많은 인파들을 뚫고 큰누나의 목소리가 들렸습니다. 눈을 들어 쳐다보니 누나가 함박웃음을 지으며 손에 대만 돈을 찾아들고 흔들면서 "내가 해냈다고." 펄쩍펄쩍 뛰고 있었습니다. 누나가 하도 큰소리를 질러서 창피했지만 그 정도는…. 누나가 오기 전에 알바 비를 받은 걸 넣어둔 체크카드가 유니온 페이 카드였던 덕분에 이렇게 쫄깃하게 숙소비를 무사히 지불하게 되었답니다.

여기까지는 좋았는데 지하철을 타고 공항으로 가는 내내 누나의 잘난 척을 지겹게 들으면서 박수를 쳐줄 수밖에 없었습니다. 그리고 싫다는데 굳이 밀크티를 또 억지로 사주어서(사실 밀크티 가게가 보일 때마다 큰누나가 사달라고 했지만 작은누나가 엄청 구박하며 잘 안 사줬거든요.ㅎㅎ 이젠 자기 돈이라고 당당하게 사더라구요.) 같이 먹어야만 했답니다.

 마지막까지 참 스펙타클한 여행이었어요.

5부

My Opinion

대화가 필요해

이제부터는 평소 가지고 있는 신념과 가치관에 대해 나누어보려고 합니다.

첫 번째 이야기는 '관계' 입니다.
'관계'에는 여러 가지가 있습니다. 친구끼리 하는 친구들과의 관계, 선생님과 학생의 관계, 가족들과의 관계 등등. 나는 이 중에서 가족 관계를 말하고 싶습니다.

사춘기가 되면 많은 청소년들이 부모님과 충돌하게 되는 이유는 무엇일까요? 서로의 대화가 단절되었기 때문입니다. 그렇다면 왜 대화가 단절될까요? 아마도 서로가 느끼기에 자신의 말이 상대에게 안 통한다고 판단하기 때문일 것입니다. 부모님들께서는 아이들이 반항만 한다고 느끼기 때문에 그렇고, 반대로 아이들은 부모님들이 자신의 이야기를 듣지 않는다는 생각 때문입니다.

한마디로 그냥 '싸우기 싫다' '얘기해봤자 싸움만 된다'라는 생각들 때문에 아예 대화하는 것을 포기해 버리는 것이죠. 그래서 지금부터는 우리 청소년들이 왜 부모님과 대화를 안 하려고 하는지 그 이유를 알려 드리려고 합니다.

물론 내가 이야기 하는 것들이 모든 청소년들의 생각과 마음을 100% 대변하지는 못 합니다. 그냥 참고만 해주세요. ㅎㅎ

많은 부모님들께서는 대부분 이런 상황에서 '아, 우리 애가 사춘기가 왔구나'하고 처음으로 느끼셨을 겁니다. "우리 어디 나갈까?" 했는데 "싫어. 내가 왜 가?" "귀찮아. 집에 있을래" 등 이런 대답을 들을 때 아이에게 사춘기가 왔음을 느끼실 거예요. 내가 많이 하는 대사거든요. ㅋㅋ

이럴 때는 어렵겠지만 납득을 시켜야합니다. 설명을 드리자면, 아기를 키워봐서 아시겠지만 어린 아기들은 호기심이 정말 많습니다. 그래서 더러운 거, 깨끗한 거 구분 없이 모든 것을 만져도 보고 입으로 넣어보기도 하고, 또 빨아보면서 얻은 경험을 바탕으로 자기 스스로 '이건 좋은 거, 이건 나쁜 거'를 판단하고 인지를 하게 됩니다.

사춘기 아이들도 마찬가지입니다. 사춘기의 아이들은 모든 것들에 대해 의문을 갖습니다. 심지어 자기 자신에게도 말이죠. 아기 때처럼 '이건 좋은 거, 이건 나쁜 거' 그것만 판단을 하는 게 아니라 '이건 왜 좋은 거지?' '이건 왜 나쁜 거지?' 끊임없이 질문을 하는 것입니다.

그래서 부모님들께 부탁드리고 싶은 것은 부모님들이라도 아이와의 대화와 관계를 끊지 말라는 것입니다. 먼저 아이가 가지고 있는 의문에 귀를 기울이고, 그 의문에 대해 답을 해주세요.

그러면 그동안 허물지 못하고 있던 벽이 없어질 것입니다.

만족감

만족함의 기준이 뭘까요? 사람마다 기준이 다를 것입니다.

나의 경험을 말씀 드리면 중학교 3학년 기말고사 때 국어에서 만점을 받았습니다. (안 믿기시죠?) 나 자신도 엄청 놀랐습니다. 왜냐하면 시험기간에 공부를 한 적이 한번도 없었거든요. 진짜 진실입니다 ㅎㅎ 국어 문제집을 산 적도 없고, 강좌를 들은 적도 없고, 교과서는 한장도 본 적이 없었어요. 근데 시험 결과는 국어 100점! 처음에 나는 답지가 잘못 나온 줄 알았습니다.

기쁜 마음으로 집에 가서 자랑스럽게 가족들에게 자랑을 했습니다. 당연히 엄마, 아빠, 큰누나, 작은누나 모두 안 믿는 거예요.

누나들은 심지어 "야! 너 답지 슬쩍 했지?" 그런 짜증나는 말만 해서 화를 나게 만들었습니다. 엄마, 아빠도 마찬가지고. 가족들의 그런 반응을 보고 너무 서운하고 억울해서 큰소리로 엉엉 울었습니다.

내가 참지 못하고 울기 시작하자 가족들은 그제야 장난이었다며 달래주고 축하해주었던 기억이 납니다. 나는 그 이후로 국어에 대한 자신감이 생겨서 고등학교 중간고사를 볼 때 다른 과목은 몰라도 국어는 열심히 공부를 했습니다.

시험이 끝난 후 집에서 채점을 했습니다. 채점을 다 끝내고 시험지를 보니 시험지에서 비가 내리더라고요. 20문제 중 8개밖에 못 맞혔습니다. 그 결과를 보는 순간 '아니, 공부를 한 번도 안 했던 중학교 3

학년 때는 100점이고 열심히 준비한 고등학교 시험은 문제의 반 정도도 못 맞힌 게 말이 돼?' 하는 너무 속상한 마음과 억울한 마음이 들었어요.

대체 왜 이런 속상한 마음과 억울한 마음이 드는지 생각을 해보았습니다. 천천히 생각해 보니 예전에는 안 그랬는데 한번 백점을 맞아보니 또 백점을 받고 싶은 욕심이 생겼더라고요. 한마디로 한번 1등급을 받아 보고 나니 그 자리에 머물고 싶은 마음이 있었던 것이죠. 그렇기 때문에 이 점수에 만족을 못하고 나 스스로 자신에 대한 기대치가 순간적으로 높아졌던 것이었습니다.

그 뒤로 나는 결과에 따라 내 자신이 '잘했다, 못했다'를 따지며 만족과 불만족을 하는 것이 아니라 과정을 바라보게 되었습니다. 다시 말해 시험 점수와 상관없이 내가 시험기간에 정말 노력하고 최선을 다했다면 그것이 자신이 만족을 할 수 있는 이유로 충분하다는 것입니다.

내가 청소년 여러분께 드리고 싶은 얘기는, 학교 시험 결과에 스트레스를 안 받았으면 좋겠다는 겁니다.

아무리 시험 점수가 낮아도 '난 정말 열심히 노력했는데 왜 매번 결과가 안 좋을까?' 라며 좌절을 하지 말고 조금만 생각을 바꿔서 본인 스스로 자신이 최선을 다해 열심히 노력했다고 생각한다면 결과와는 상관없이 누구나 만족감을 느낄 수 있는 자격이 충분하다고 생각합니다.

꿈이 없어요

이번에는 꿈, 비전에 대한 이야기를 해보고 싶습니다.

아무래도 내가 청소년이다 보니 꿈에 관련해서 많은 에피소드가 있습니다. 어린이집에 다닐 때와 초등학교 다닐 때 꿈이 축구선수와 파워 레인저가 되는 것이었고, 중학교 때부터 지금까지 나의 꿈은 나 자신을 행복하게 해주는 것입니다. 그래서 고등학생인 지금 주변 어른분들이 꿈에 대해 물어보면 항상 '내 자신을 행복하게 해주는 것'이라고 대답합니다.

사람들의 반응은 두 가지로 나뉩니다.
"엄청 좋은 꿈인데?" 하며 내 꿈을 있는 그대로 받아들이는 분과, "정말 멋진 꿈이기는 한데 이제 고등학생이고 곧 있으면 대학을 가야 하니까 지금보다 조금 더 현실적인 꿈을 찾아보는 게 어때?" 이런 식의 반응을 보이는 분들이 있습니다.

다른 친구들도 나와 마찬가지로 이런 질문을 받았을 겁니다. 초등학생일 때 많은 친구들이 선생님, 경찰관, 의사가 꿈이라고 답을 했지만 중학교, 고등학교를 올라와서는 "꿈이 없다"고 하는 경우가 많습니다.

왜 이런 현상이 일어날까요?

내가 생각하기에는 많은 친구들이 꿈을 '진로'로 여기기 때문이라고

봅니다. 나 역시 그랬습니다. 많은 분들이 꿈에 대해 말할 때 앞서 얘기했던 대로 선생님, 의사, 변호사, 경찰관, 연예인, 크리에이터 같은 것들을 드니까 나도 '꿈은 이런 거구나'하고 직업을 꿈으로 생각을 했었습니다.

그때 나의 꿈은 상담사였습니다. 이유는 사람들과 이야기를 나누는 것을 좋아했고, 휠체어를 타면서도 충분히 할 수 있는 일이라 생각했기 때문이지요. 그래서 대학도 심리학과 또는 상담학과를 가려고 입시 전형도 열심히 알아보니 장애 학생 특별전형으로 간다고 해도 등급 컷이 평균 3등급을 해야 갈 수 있었습니다.

당시 내 평균 성적은 7~9등급이었지만 열심히 하면 충분히 3등급까지는 올릴 수 있다고 생각했기 때문에 정말 열심히 공부를 하려고 노력했습니다. 하지만 사람은 한순간에 바뀌지가 않습니다. 분명 머리로는 공부를 해야 한다는 것을 알고는 있지만 몸과 마음이 따라주지 않았습니다.

계속 스트레스만 많이 받으면서 공부도 안 하고 시간을 보내면서 다시금 내 꿈에 대해 생각을 했습니다.
'내가 이렇게 스트레스만 받으며 살아야 하나?'
'요즘에는 하루하루가 행복하지 않아'
'남들이 다 힘들게 자신의 꿈을 위해 노력하며 살아가고 있다고 해서 나도 그들과 똑같이 나 자신을 힘들게 하면서까지 내 꿈을 위해 노력을 해야 하나?'
'미래의 행복을 위해 현재의 나를 힘들게 하는 것이 맞나?'
정말 여러 가지 생각을 하다가 이렇게 결론을 내렸습니다.
'미래의 나를 행복하게 만들기 위해서는 현재의 나를 행복하게 해줘

야 한다!' 이런 생각으로부터 시작해서 지금의 내 꿈이 정해지게 된 것입니다.

 자신의 꿈에 대해 고민하고, 스스로 꿈이 없는 것 같다고 생각하고 있는 청소년 친구들이 있다면 그에게 꿈은 '정의가 정해져 있지 않다'는 사실을 말해주고 싶습니다.
 자신이 지금 처한 상황에 맞춰 꿈을 선택하지 말고, 마음껏 꿈을 꾸고 또 그 꿈을 마음껏 펼칠 수 있기를 바랍니다.

롤 모델

여러분. 혹시 지금 매우 존경하는 사람이 있으신가요?

사람은 서로가 서로에게 좋은 자극을 주면서 함께 성장하게 되는 것 같습니다. 현재 우리나라의 축구의 최고의 스타 손흥민 선수도 자신의 축구 롤모델이 호날두, 박지성 선수라고 합니다. 손흥민 선수는 호날두와 박지성 선수의 플레이를 보고, 연구하고, 연습해서 결국엔 자신의 기술로 만들어 지금의 자리까지 오게 되었다고 합니다. 즉 롤모델을 보고 나 자신도 그 사람처럼 되려고 하는 마음으로부터 인생의 목표가 생기게 된 거죠.

그래서 목표를 향해 열심히 가다 보면 누군가를 존경하는 사람에서 자기도 모르는 사이에 자신이 존경을 받는 사람이 되어 있는 겁니다.

나에게도 롤 모델이 있습니다.

축구에서는 박지성, 이영표 님. 인생에서는 닉부이치치. 앞에서 잠깐 나왔던 나의 영원한 연예인 악동뮤지션, 아이오아이의 김소혜, 김세정 님까지.

이들은 나에게 인생의 자극제가 된 분들입니다. 이분들을 보면서 '나도 저분의 이런 모습을 닮고 싶다' '저분과 만나 이야기를 나누어보고 싶다' '나의 롤모델에게 내 존재를 알리고 싶다' '그렇게 하기 위해서는 어떤 방법이 있을까?' 등등.

여러 소망과 생각으로부터 시작해서 '그렇다면 이참에 이분들과 많은 사람들에게 나를 소개해보자' 이런 결론을 내리고 나의 이야기를 담은 이 책을 쓰게 된 것입니다. 물론 다른 이유도 있지만요.

인지도도 없고 큰 감동과 드라마틱함도 없는 이 책을 통해 얼마나 많은 사람들이 나의 이야기에 귀를 기울여줄지 잘 모르겠지만 말이요. ㅋㅋ

나만의 방식

내가 살아오면서 많은 사람들에게 받은 질문은 "사무엘. 네가 만약 장애를 안 갖고 태어났다면 어떤 삶을 살고 있을 것 같아?"입니다.
그때마다 나는 항상 이렇게 답변을 합니다.
"글쎄요. 잘 모르겠어요. ㅋㅋㅋ"
왜냐하면 19년 정도를 이 몸으로 살아왔고, 나의 미래의 모습을 상상 할 때도 항상 휠체어를 타고 있는 지금의 입장에서 생각하기에 '걷는 민사무엘'의 모습은 어렸을 때 이후로는 한 번도 상상해 본 적이 없기 때문입니다.
지금 내가 살아가는 방식은 항상 다른 사람들과는 조금 다르게, 나만의 방식으로 살아가고 있습니다. 많은 사람들이 두 발로 걸을 때 나는 휠체어를 타고 움직이며, 많은 사람들이 두 손으로 하는 게임들을 사용하기 불편한 나의 오른손보다는 그나마 조금 쓸만한(?) 왼손만 사용을 해서 게임을 즐기면서 살고 있습니다.
그런데 이제 청소년이 되고 나니까 나의 미래도 나만의 방식으로 만들어가고 싶은 마음이 생겨나기 시작했습니다. 그래서 나의 미래에 대한 목표를 정할 때에도 다른 사람들은 한 곳만을 목표로 정하겠지만 나는 특별히 목표를 정해 두지 않고, 그저 여러 가지를 경험해보고 있습니다. 작곡도 해보고, 책도 쓰고, 대회도 나가보고 하면서 즐겁게 나의 미래를 구축해 나가고 있습니다.

나와는 달리 많은 청소년 친구들은 부모님들이 원하는 대학과 직업을 가지려고 하더군요. 물론 부모님들은 자녀들이 미래에 조금 안정적인 직장을 얻고 좀 더 나은 환경에서 살기를 원한다는 사실을 잘 알고 있습니다.

그렇지만 내가 감히 부모님들께 한 말씀 드리자면, 그냥 아이 스스로 자신의 미래를 고민할 수 있도록 뒤에서 지켜봐주시라는 겁니다. 내 말을 들으신 부모님들 가운데는 "스스로 고민은 개뿔!" "맨날 핸드폰만 들여다보고 있는데 뭐" 하시는 분도 있을 겁니다.

그렇다고 아이의 대학과 진로를 부모님들께서 정해놓고 "엄마 아빠 말 들어!" "이게 다 너 잘 되라고 하는 일이야"한다면 그것들이 오히려 아이의 삶에 있어서 가장 중요한 시간들을 빼앗는 일이라고 생각합니다. 아이들이 살아가면서 자신의 현재 삶과 미래에 대해 가장 많이 고민하는 시기가 바로 사춘기이기 때문입니다.

부모님들이 정말 우리 아이들이 나중에 행복하기를 바란다면 아이들 스스로 자신의 미래에 대해 충분히 고민하고 결정을 할 수 있는 시간을 가질 수 있도록 기다려주시기를 부탁드립니다. 아이들에게 뭔가 지시하기보다는 아이들이 힘들면 언제든지 와서 편하게 마음놓고 쉴 수 있는 '안식처'가 되어 준다면 분명 아이들은 부모님들이 생각했던 것보다 훨씬 더 밝게 세상을 향해 선한 빛을 내는 사람으로 거듭날 것 입니다.

마지막으로 청소년 여러분께 하고 싶은 얘기는, 여러분의 삶을 살아가는 사람은 바로 '자신'이라는 사실을 알았으면 좋겠다는 겁니다. 그렇기 때문에 여러분의 미래는 여러분 스스로 만들어나가기를 바랍니다.

인생 마라톤

여러분은 '인생의 명언'하면 무엇이 가장 먼저 떠오르나요?
나에게 딱 떠오르는 것은 '인생은 마라톤이다'라는 말입니다.
마라톤은 정말 힘든 스포츠 중 하나입니다. 출발선에서 시작해서 코스의 길이에 따라 짧게는 2시간, 길게는 3시간 반 정도를 정말 쉬지도 않고 뛰어야 합니다. 그래서 많은 사람들은 인생을 마라톤에 빗대어 이야기를 합니다.
"넌 지금 출발선에 서 있는 거야."
"힘들어도 조금만 참고 계속 가다 보면 결승선에 골인할 수 있을 거야."
나도 인생에 대해 고민을 하고 있을 때 이 말을 듣고 '그래! 나도 골인 할 수 있어!' 스스로에게 다짐하고 힘을 냈습니다.

하지만 이 인생의 마라톤에서 막상 출발을 해보니 힘든 건 둘째 치고 이 마라톤에는 엔딩이 없었어요.
진짜 열심히 몇 시간씩 달리다가 '이렇게 오래 달렸으니까 결승선에 거의 와있겠지?' 나 스스로는 생각했는데 옆에서는 아직 멀었다고 더 뛰라고 합니다. 그래서 '어? 생각했던 것보다 더 가야하네?' 생각하며 더 열심히 뛰어갑니다. 그렇게 달리다가 '이제는 정말 결승선 앞이겠지?' '결승선에 들어왔으니까 모두 날 자랑스럽다 하겠지?' 하는 뿌듯

한 마음으로 눈을 떴지만 사람들은 여전히 아직 더 뛰라고 합니다.
"네가 그걸 극복해야 돼!"
"극복을 해야만 진정한 의미가 있어!"
나는 내가 가지고 있는 힘을 모두 쏟아내서 여기까지 왔는데 사람들은 계속 더 뛰라고만 얘기합니다. 그제야 알게 되었습니다. 이 마라톤은 출발선만 있고 결승선이 없다는 사실을.

그렇다면 결승선은 누가 정할 수 있는 걸까요?
자기 인생길의 결승선은 바로 자기가 정하면 되는 거라고 생각해요. 자신이 결정한 결승선을 향해 최선을 다해서 달려왔으면, 다른 사람들의 기준과는 상관없이 그게 바로 완주한 것이라 생각해요. 나는 최선을 다했다는 사실에 만족감을 느낍니다. 하지만, 그렇다고 그 결승선이 끝이 아니라 또 새로운 출발선이 되고, 그 출발은 새로운 결승선을 향해 최선을 다 할 수 있는 기쁨이 된다고 생각합니다. 그래야 행복하게 다시 도전할 수 있는 힘이 생길 수 있습니다.

이 책을 쓰는 일이 마무리되고 있지만, 여기서 책이 끝나는 것이 아니라 새로운 내 인생의 결승선을 향한 도전의 출발선이라고 말하고 싶습니다.

나의 장점 찾기

학교 동아리 활동 중에 이미지 메이킹 수업을 들은 적이 있습니다. 수업 전 자기소개서를 작성하는데 자신의 단점을 적는 부분이 있었습니다.
나는 곰곰이 생각해 보다가 이렇게 써서 냈습니다.
'없습니다. 그러나 내가 못 느낀다고 해도 주변에서 나의 이러저러한 것들 때문에 힘들다고 충고를 해준다면 고칠 의향이 있습니다.'

수업이 시작되고 한 가지 활동을 했는데 칠판에 장점과 단점을 표현하는 글들이 있었고, 순서가 된 친구가 잠시 밖에 나가 있으면 남아 있는 친구들이 그 친구의 장점과 단점을 칠판에 붙였습니다.
내 순서가 되어서 밖에서 기다리는데 같이 기다려주시던 선생님이 내가 쓴 자기소개서를 읽으셨다면서 나에게 단점을 같이 찾아보자고 하셨습니다. 나는 '왜 단점을 찾아야 하지?'라는 의문이 들었고 집에 와서 누나들과 그 의문에 대해 이야기를 나누어봤는데 누나들은 제 마음을 잘 이해해주더라고요.(역시 누나들은 내 생각을 너무 잘 알고 있었어요. ^^)
"단점을 찾고 그 단점을 고치는 데 노력하겠습니다." 이런 고백들을 자주 듣게 됩니다. 이미지 메이킹 수업 중에도 그런 멘트를 배웠고요.
나는 이 부분에 대한 생각이 조금 달랐습니다. 내가 단점이 없다고 표현한 건 내가 완벽하고 고칠 것이 전혀 없는 사람이라는 게 아니었습니다. 사실 나는 지금까지 나의 이런 모습 때문에, 이런 성격 때문에 힘들다는 생각을 해본 적이 없습니다.

  나는 내 모습 그대로가 늘 좋았고 편했습니다. 하지만 내가 불편하지 않다고 다른 사람도 그런 건 아니니까 누구든 나의 어떠함 때문에 힘들다고 말해준다면 언제든 고칠 의향이 있다고 쓴 거지요. 평소 생각이 단점을 찾아 고치는 데 시간을 쓰기보다 내 안에 있는 장점을 찾고 개발하는 데 시간을 쓰는 게 더 유익하고 발전적이라는 거였기 때문입니다.

  여러분은 어떻게 생각하세요? 물론 다른 의견들이 있을 수 있다고 생각합니다. 모두를 존중합니다.

  내가 하고 싶은 말은, 우리는 완벽한 하나님이 아니라 평범한 '사람'이기에 사람마다 단점이 있을 수밖에 없고, 우리 안에 있는 단점보다 장점에 더 집중을 하자는 겁니다.

  힘들게 청소를 끝내고 뒤돌아앉는데 눈에 보이지 않았던 먼지들이 여기저기 또 보여서 엄청 짜증이 날 때가 있죠? 단점을 발견하는 것도 이 상황과 똑같다는 생각이 듭니다. 깨끗하기 위해 청소를 하지만 계속 어디선가 먼지가 드러나는 것처럼 들춰내고 찾아내서 단점을 고친다고 해도 또 다른 단점들이 끊임없이 발견될 겁니다. 이렇게 해결해야 할 단점들이 계속 늘어나게 되면 결국 우린 지쳐서 절망에 빠져 자신감도 잃게 되고 말 것입니다.

  어떤 일에 실패했다고 했을 때 '너무 서둘러서 그런 거야, 내 성급함 때문이야, 빨리 고쳐야 하는데….' 하면서 자신의 단점에만 집중하고 실패의 원인도 단점 때문이라고 규정을 지어버린다면 절대로 현재에 만족할 수 없을 겁니다.

 반대로 '난 다른 사람들보다 일을 빨리 할 수 있어, 이번엔 만족하지 못하지만 나에게 있는 일에 대한 추진력을 잘 사용한다면 다음엔 모두에게 큰 도움을 줄 수 있을 거야' 이렇게 똑같은 상황 속에서도 자신의 장점을 먼저 발견하게 된다면 장점들은 더 극대화되고 단점들은 자연스럽게 없어지거나 커버될 것입니다. 이런 생각을 반복할 때 우리는 지금보다 더 행복한 사람이 될 수 있으리라 생각합니다.
 여러분 모두 힘내세요! 홧팅!

책을 끝내면서

 어느덧 책을 마무리하고 있습니다.
 마지막으로 내가 하고 싶은 이야기는, 어느 날 가만히 누워 방에 있는 물건들을 하나씩 살펴보니 모두가 존재의 의미가 있더라는 사실입니다.
 침대는 편안한 잠자리를 위해, 책은 지식을 전달해 주는 매체로, 휠체어는 나의 다리 역할, 옷장은 옷을 보관하고 정리해 주는 역할, 커튼은 바람과 햇빛을 막아 주는 역할 등.
 이런 물건 하나하나도 왜 만들어졌는지 너무 분명한 이유들이 있는데 도대체 나는 왜 이 땅에 이 모습으로 있는 건지 알고 싶어지더라고요.
 그냥 늘 행복하게 사는 것이 나의 비전이고 목표였기에 순간순간 내가 좋아하고 행복할 수 있는 것들에만 집중하고 살다보니 이런 삶의 의미를 한 번도 깊이 생각해 본적이 없었던 거예요.
 여러분은 왜 이곳에 자신이 존재한다고 생각하세요? 너무 사춘기다운 질문인가요?
 나는 내가 이런 생각을 절대로 안할 거 같았는데 어느덧 나도 하고 있더라구요. 봄이 가면 여름이 오고, 여름이 가면 가을이 오고, 가을이 가면 겨울이 오듯이, 누구나 삶의 시간들이 흘러가면서 경험해야 하는 것들을 그냥 건너뛸 수는 없는 것 같습니다.

이런 고민을 하다 보니 갑자기 내 미래가 너무 궁금해졌어요.
'나도 도라에몽 같은 친구가 있으면 얼마나 좋을까? 그러면 미래로 한번만 가보자고 졸랐을 텐데…'
미래를 미리 가볼 수만 있다면 이 불안감이 조금은 없어질 것 같은데 말이죠.
하지만 이러한 두려움이 있기에 우리가 우리 스스로 자신의 미래를 준비할 수 있는 힘의 원천이 생기는 것이 아닐까요? 나는 그렇거든요.

'과연 나의 존재 의미가 뭘까?'
'만약 내가 행복할 수 있는 일을 못 찾으면 어떡하지?'
이런 고민과 두려움이 항상 내 마음 속에 늘 자리잡고 있습니다. 그래서 그 이유를 찾기 위해 열심히 작곡도 하고, 축구도 하고, 책도 쓰고 하는 것이죠. 여러분도 나처럼 한 곳에만 너무 집중하지 말고 여러 가지를 해보면 어떨까요?
내가 많은 경험을 해보니 정말 사람의 능력은 한 가지만이 아니라 무궁무진하게 많다는 것을 깨닫게 되었습니다. 여러분들도 한번 해보면 자신이 미처 알지 못했던 능력을 가지고 태어난 것을 알게 될 것입니다.
좋은 직업이나, 가지고 싶은 것들을 다 가졌을 때 행복할 수 있는 게 아니라 무엇을 하든, 어떤 모습으로 있든지 행복할 수 있다면 그게 진짜 행복이며 더 큰 행복이 아닐까 생각합니다.
미래의 행복을 위해 너무 힘들게 노력하기만 해야 한다면 현재는 불행하잖아요. 나는 미래보다 현재에 행복해야 한다고 주장합니다.

다들 기억하세요?

나의 또 다른 꿈, 소망! 바로 70억 인구를 모두 만나보고 싶고, 친구가 되고 싶다고 그랬던 거요.

지금 이 책을 선택하고 여기까지 함께 해주신 분들이 내 꿈을 이루어주신 정말 감사한 첫 번째, 두 번째, 세 번째 분들이십니다. 영광입니다!

책을 통한 여러분들과의 만남이 나에게 이렇게 큰 축복인데 이 책이 여러분께도 도움이 되고, 도전이 되고, 축복이 되었으면 좋겠습니다.

무척 아쉽게도(ㅎㅎ 나만 그런가요?) 책은 여기서 마무리가 되지만 우리들의 이야기는 여기서 멈추지 않을 거예요.

앞으로 나와 여러분들이 스스로 정한 결승선에서, 모두가 인생 마라톤의 일등이 되어 멋진 모습으로 다시 만나기를 기도합니다.

나만의 특별한 이야기

글쓴이	민사무엘
펴낸이	박정애
펴낸곳	출판사 옛길
등 록	제 399-2014-000033호
주 소	강원도 횡성군 우천면 전재로 271
이메일	violetbleu@hanmail.net
블로그	Http://blog.naver.com/paths2014
전 화	033-344-0568
팩 스	033-345-0568
표 지	디자인 오문선
본문·편집·인쇄	상신기획

제1판4쇄 2023년 4월 15일
값　　　 12,000원
ISBN　 979-11-86856-07-9 (43800)

"너희는 길에 서서 보며 옛적 길
곧 선한 길이 어디인지 알아보고 그리로 가라
너희 심령이 평강을 얻으리라"
(예레미야 6장16절)

잘못 만들어진 책은 구입하신 곳에서 바꿔드립니다.
본 저작물의 저작권은 출판사 옛길에 있습니다.
무단 전재와 복제를 할 수 없습니다.

※ 나만의 특별한 이야기에는 'tvN즐거운 이야기'가 적용됐습니다.
※ 표지 '민사무엘'은 저자의 글씨입니다.

이 도서의 국립중앙도서관 출판예정도서목록(CIP)은 서지정보유통지원시스템 홈페이지(http://seoji.nl.go.kr)와
국가자료종합목록 구축시스템(http://kolis-net.nl.go.kr)에서 이용하실 수 있습니다. (CIP제어번호 : CIP2019035370)